CATALOGUE GÉNÉRAL

ET

PRIX-COURANT

DE LA

MAISON SAJOU

52

Rue de Rambuteau.

PARIS.

MÉDAILLE DE PREMIÈRE CLASSE

à l'Exposition universelle de 1855.

PERFECTION.

NOUVEAUTÉ. — BON MARCHÉ.

EXPORTATION. — GROS. — DÉTAIL.

CATALOGUE GÉNÉRAL

ET

PRIX COURANT

DE LA

MAISON SAJOU

Rue de Rambuteau, 52,

PARIS.

Les produits de la Maison SAJOU se trouvent en France et à l'Étranger, dans toutes les Maisons de commerce qui s'occupent des ouvrages de Dames, principalement chez ses correspondants.

Le nom de M. SAJOU est sur tous ses produits.

1856

AVIS IMPORTANTS.

Toutes les demandes qui sont adressées à la Maison SAJOU reçoivent immédiatement leur exécution avec la plus grande exactitude.

—

Les remises d'usage sont faites aux marchands.

—

Chaque jour voit paraître plusieurs nouveautés.

—

Toutes les demandes de conseils pour les ouvrages de Dames, qui sont adressées à M. SAJOU, reçoivent une réponse dans un très court délai.

LE

GUIDE-SAJOU,

RECUEIL COMPLET

DE MÉTHODES ET DE RENSEIGNEMENTS

pour apprendre à exécuter tous les travaux à l'aiguille,

PAR

M. SAJOU.

4 volumes grand in-8°,

AVEC UNE GRANDE COLLECTION DE DESSINS TRÈS REMARQUABLES.

Prix : 40 francs.

Chaque volume se vend séparément sans augmentation de prix.

Cet ouvrage, dont le succès est universellement connu, est le guide indispensable de toutes les jeunes personnes qui veulent apprendre ou se perfectionner dans l'art des ouvrages d'agrément.

PRINCIPAUX ARTICLES

DE LA

MAISON SAJOU.

TAPISSERIE.

Dessins coloriés à la gouache, à 50 p. 100 au-dessous des prix de Berlin. (Voy. le Catalogue, page 9 et suivantes.)

Ouvrages faits et échantillonnés.

Canevas de toutes grosseurs et largeurs.

Laine d'Alsace de toutes nuances. (Cette laine est aussi belle et aussi légère que la plus belle laine d'Allemagne.)

Soie de Chine, Cordonnet, Soie d'Alger, etc.

BRODERIE.

Dessins sur papier azuré, à 10 centimes et au-dessus.

Dessins conservateurs de la vue, à 20 centimes et au-dessus.

Mousseline, Batiste, Nanzouk, etc., dessinés.

Cols, Mouchoirs, Bonnets, Manches, Garnitures, etc., etc., dessinés et échantillonnés.

Coton à broder, qualité supérieure, de toutes les grosseurs.

CROCHET ET FILET.

Très grande collection de dessins, à 10 centimes et au-dessus. (Voy. le Catalogue, page 47 et suivantes.)

Ouvrages faits et échantillonnés.

Coton et fil d'Irlande.

Cordonnet de toutes couleurs.

TRICOT, GUIPURE ET FRIVOLITÉ.

Très grand assortiment de dessins.

Laine, coton, fil, navettes, moules, etc.

ARTICLES DIVERS.

Etoffes dessinées.

Ouvrages en drap, velours et peau, avec appliques de couleurs; brodés en soie, perles et or.

Dessins coloriés pour ouvrages en perles.

Ouvrages et Échantillons d'ouvrages en perles et **chenille,** etc.

Fleurs et fournitures pour fleurs en papier.

Albums pour tous les ouvrages de Dames.

Potichomanie. Couleurs, verres, feuilles de décors, etc., etc.

Papier métrique, pour la réduction des patrons de vêtements.

Mousse en laine tricotée pour tapis, etc.

Fleurs en laine et en soie.

TARIF

DES ÉTOFFES DESSINÉES.

	fr.	c.	
Cols pour enfants, dessinés, à. . .	»	25	et au-dessus.
Cols pour femmes, dessinés, à. . .	»	25	et au-dessus.
Cols pour femmes, échantillonnés en différents genres de broderies, à.	1	50	et au-dessus.
Entre-deux dessinés, à.	»	25	et au-dessus.
Garnitures doubles, de différentes largeurs, dessinées, à.	»	60	et au-dessus.
Garnitures pour jupons, de différentes largeurs, dessinées, à. . .	1	50	et au-dessus.
Bonnets pour enfants, dessinés, à. .	»	35	et au-dessus.
Bonnets pour femmes, dessinés, à	»	60	et au-dessus.
Manches de différents genres, dessinées, à.	1	25	et au-dessus.
Mouchoirs en batiste, à.	3	50	et au-dessus.

Différents objets en piqué pour enfants.

Nappes d'autel, aubes, robes et autres objets dessinés.

PREMIÈRE PARTIE.

CATALOGUE

DES

DESSINS DE TAPISSERIE.

TARIF

DES DESSINS DE TAPISSERIE

	fr.	c.		fr.	c.
S./N°		35	N°s 14.	3	75
N°s 2.	»	65	15	4	40
3.	»	95	16.	4	70
4.	1	25	18.	5	30
5.	1	50	20.	6	60
6.	1	65	21.	7	50
7.	1	90	22.	8	50
8.	2	25	23.	9	40
10.	2	50	25.	11	75
11.	2	80	26.	13	15
12.	3	15	30.	18	75
13.	3	50	36.	30	»

NOTA. — Les numéros qui sont marqués au bas et à gauche de chaque feuille de dessin sont ceux du tarif ci-dessus.

DESSINS DE TAPISSERIE

GRANDEUR NATURELLE.

Les dessins de tapisserie qui, sur le Catalogue, sont désignés : *Grandeur naturelle*, sont ceux dont la largeur du quadrille indique la grosseur du point tel qu'on l'exécutera sur le canevas.

Ils ont donc l'avantage de représenter la tapisserie telle qu'elle sera, et d'offrir une extrême facilité pour *lire* le dessin.

Les vues les plus fatiguées se servent sans difficulté de cette nouvelle invention.

Numéros des Planches.	DÉSIGNATIONS.	QUANTITÉS DE POINTS en hauteur.	QUANTITÉS DE POINTS en largeur.	Nos des prix.	PRIX.
	BOUQUETS.				
1961	Diadème de roses..............	138	65	2	» 65
2240	Bouquet, fleurs mêlées..........	110	110	2	» 65
2241	— —	110	110	2	» 65
2254	— —	147	145	6	1 65
2255	— de roses..............	130	138	4	1 25
2259	— fleurs mêlées..........	142	152	6	1 65
2268	— —	140	170	5	1 50
2271	— de roses..............	200	200	11	2 80
2274	— diadème..............	172	87	4	1 25
2275	— mêlé, ovale, pour écrans et dossiers.........	125	150	5	1 50
2281	— de roses pour dossier...	100	140	3	» 95
2291	Touffe de roses..............	175	179	7	1 90
2292	— d'œillets..............	175	175	7	1 90
2293	— de pivoines..............	173	176	7	1 90
2294	— de marguerites..........	175	176	7	1 90
2295	— de tulipes..............	166	171	7	1 90
2296	— de camélias............	174	180	7	1 90
2317	Bouquet de camélias pour dossier.	154	210	7	1 90
2318	— d'œillets — .	148	212	7	1 90
2319	— de tulipes — .	147	197	7	1 90
2320	— de roses — .	154	208	7	1 90
2321	— de marguerites.........	153	209	7	1 90
2428	Diadème de roses..............	280	110	10	2 50
2429	— —	346	130	16	4 70
2430	— —	360	129	18	5 30
2431	— fleurs mêlées..........	383	155	21	7 50
2432	— —	380	156	18	5 30
2433	Grand diadème de fleurs naturelles variées.............	700	203	26	13 15
2500	Bouquet de fleurs naturelles....	172	172	7	1 90
2501	— —	175	175	7	1 90
2502	— —	175	175	7	1 90
2503	— —	173	173	7	1 90
2504	— —	175	175	7	1 90
2507	— de lis et roses........	224	226	11	2 80
2523	— fleurs et branches.....	216	224	13	3 50
2529	— roses et lis...........	120	122	3	» 95
2530	— fleurs mêlées..........	120	119	3	» 95

Numéros des Planches.	DÉSIGNATIONS.	QUANTITÉS DE POINTS en hauteur.	QUANTITÉS DE POINTS en largeur.	Nos des prix.	PRIX.
2531	Bouquet lis blanc, fond rouge...	119	120	5	1 50
2532	— pavots et épis........	122	118	3	» 95
2533	— tulipes..............	120	125	3	» 95
2534	— fleurs mêlées.........	125	126	3	» 95
2535	— géranium............	112	125	3	» 95
2536	— giroflée..............	122	128	3	» 95
2537	— touffe de pavots.......	145	145	4	1 25
2538	— lis pour dossier.......	142	200	8	2 25
2539	— fleurs mêlées..........	125	125	3	» 95
2540	— —	129	125	3	» 95
2541	— —	117	122	3	» 95
2542	— —	118	119	3	» 95
2543	— pavots...............	145	145	5	1 50
2544	— lis..................	181	180	10	2 50
2545	— fleurs mêlées.........	145	145	4	1 25
2549	— —	148	147	4	1 25
2550	— roses................	146	145	4	1 25
2551	— lis..................	147	149	7	1 90
2552	— raisins et églantines...	153	147	4	1 25
2553	Groupe de fruits variés.........	180	174	10	2 50
2554	— —	174	176	10	2 50
2559	Bouquet de reines-marguerites..	148	147	4	1 25
2560	— dossier du 2503.......	150	209	7	1 90
2561	— — 2500.......	146	205	7	1 90
2562	— — 2293.......	160	210	7	1 90
2563	— — 2502.......	150	211	7	1 90
2565	— pavots, épis et bluets...	180	180	7	1 90
2566	— dahlias...............	182	178	7	1 90
2567	— dossier du 2501.......	148	198	7	1 90
2568	— — 2504.......	155	212	7	1 90
2574	— camélias..............	148	142	4	1 25
2579	— pavots, teintes plates...	141	130	4	1 25
2580	— roses et lis..........	176	172	7	1 90
2586	Bouquet de fleurs, avec riche encadrement, pour siége.........	306	308	18	5 30
2587	Bouquet de fleurs naturelles, avec riche encadrement, pour dossier	305	334	18	5 30
2588	Bouquet fleurs naturelles.......	174	185	7	1 90
2589	— — variées.........	130	130	4	1 25
2591	— dahlias...............	148	144	4	1 25
2592	— fleurs variées, avec ornement..............	161	153	5	1 50

Numéros des Planches	DÉSIGNATIONS.	QUANTITÉS DE POINTS en hauteur.	en largeur.	N°s des prix.	PRIX.
2596	Bouquet fleurs naturelles........	169	168	7	1 90
2597	— —	174	172	7	1 90
2598	— —	171	171	7	1 90
2599	— —	169	166	7	1 90
2609	— —	192	199	10	2 50
2610	— —	212	194	10	2 50
2612	— roses et épis, teintes plates	118	114	3	» 95
2613	— œillets et marguerites, id.	120	113	3	» 95
2614	— camélias et pensées, id.	120	115	3	» 95
2615	— roses et clochettes, id.	114	114	3	» 95
2641	— camélias, dessin allongé pour chauffeuse.....	81	231	7	1 90
2646	— fleurs mêlées..........	125	150	4	1 25
2647	— —	126	150	4	1 25
2648	— —	125	150	4	1 25
2649	— —	126	150	4	1 25
2650	— roses de toutes couleurs.	160	160	6	1 65
2653	— — ...	126	148	4	1 25
2654	— fleurs mêlées..........	125	150	4	1 25
2655	— rose ; dossier du n. 2650.	111	160	4	1 25
2656	Bouquet, roses de toutes couleurs, autre dossier du n. 2650.	120	180	5	1 50
2661	Bouquet églantines et boules-de-neige..............	75	173	4	1 25
2692	— fleurs mêlées..........	180	167	8	2 25
2698	— — avec rubans.	100	127	3	» 95
2699	— fleurs des champs, id..	100	128	3	» 95
2707	Bouquet fleurs mêlées, avec encadrement, grandeur naturelle.	141	155	10	2 50
2708	Bouquet églantine et myosotis, id.	74	89	4	1 25
2709	— fleurs des champs, id.	75	90	4	1 25
2710	— roses, id.	69	87	4	1 25
2711	— marguerites et tulipes, id.	72	85	4	1 25
2712	— roses et mauves, id.	70	87	4	1 25
2747	Bouquet fleurs et rubans, encadrement, pour dossiers, stores, etc.	237	268	13	3 50
2749	Bouquet fleurs mêlées et rubans..	98	126	3	» 95
2780	— fleurs et rubans, riche encadrement, pour siége.	185	185	8	2 25
2781	— id. dossier du n. 2780.	151	183	7	1 90
5023	— fleurs mêlées, grandeur naturelle...........	60	60	3	» 95

Numeros des Planches	DÉSIGNATIONS.	QUANTITÉS DE POINTS en hauteur.	QUANTITÉS DE POINTS en largeur.	N°s des prix.	PRIX.
5024	Bouquet fleurs mêlées, grand. nat.	61	60	3	» 95
5025	— — avec fond, id....	60	60	3	» 95
5026	— — — id....	60	60	3	» 95
5027	— — — id....	60	60	3	» 95
5028	— — — id....	60	60	3	» 95
5029	— — — id....	70	71	4	1 25
5030	— — — id....	70	70	4	1 25
5031	— — — id....	70	70	4	1 25
5032	— — — id....	72	75	4	1 25
5033	— — — id....	74	75	4	1 25
5034	— — — id....	74	75	4	1 25
5035	— — — id....	74	73	4	1 25
5036	— — — id....	73	74	4	1 25
5037	— — — id....	75	73	4	1 25
5061	— —avec entourage, id.	116	150	14	3 75
5102	Groupe raisin blanc et noir.....	174	171	10	2 50
5103	— fruits variés...........	175	175	10	2 50
5125	Grand bouquet fleurs mêlées...	280	380	26	13 15
5126	— — ...	280	380	26	13 15
5127	— — ...	280	388	26	13 15
5140	Bouquet de roses............	110	110	4	1 25
5141	— —	109	110	4	1 25
5149	— fleurs mêlées..........	110	110	4	1 25
5150	— —	110	110	4	1 25
5151	— —	110	110	4	1 25
5152	Grand bouquet, fleurs et nid de pinson.......	280	380	26	13 15
5161	Bouquet passiflora............	101	108	4	1 25
5162	— roses.................	110	110	4	1 25
5163	— roses blanches........	110	111	4	1 25
5164	— —	110	110	4	1 25
5165	— camélias et églantines..	110	110	4	1 25
5166	— roses blanches........	129	129	6	1 65
5167	— —	174	175	8	2 25
5168	— roses églantines.......	110	110	4	1 25
5169	— roses et pensées.......	110	109	4	1 25
5175	— roses et giroflée.......	110	110	4	1 25
5176	— roses et pensées.......	111	110	4	1 25
5181	— coquelicots, épis et bluets	150	207	7	1 90
5182	— dahlias et camélias....	148	209	7	1 90
5183	— roses blanches et lis...	150	214	7	1 90
5184	— coquelicots, épis et bluets	148	202	7	1 90

Numéros des Planches.	DÉSIGNATIONS.	QUANTITÉS DE POINTS en hauteur.	QUANTITÉS DE POINTS en largeur.	Nos des prix.	PRIX.
5185	Bouquet roses et dahlias.......	147	208	7	1 90
5186	— pavots et volubilis.....	147	209	7	1 90
5187	— œillet, roses jaunes....	149	209	7	1 90
5188	— arum et soleil vivace...	145	205	7	1 90
5189	Diadème roses................	124	88	3	» 95
5190	— — et chrysanthèmes.	175	108	5	1 50
5191	— — et camélias......	222	45	8	2 25
5193	Grand diadème fleurs mêlées...	380	96	18	5 30
5194	Diadème, — ...	129	87	4	1 25
5198	Bouquet de roses avec fond.....	200	200	11	2 80
5199	— roses et églantines.....	200	200	11	2 80
91571	— œilletset oreilles-d'ours, avec ruban.........	71	115	2	» 65
91607	Deux bouquets ronds..........	65	65	2	» 65
91608	Deux bouquets fleurs mêlées....	65	65	2	» 65
91610	Une rose rouge et une blanche..	53,51	61,54	2	» 65
91611	Deux bouquets ovales mêlés.....	48	86	2	» 65
91612	— mêlés...........	62,60	59,59	2	» 65
91613	— roses...........	60	60	2	» 65
91614	— roses et volubilis.	61,64	61,64	2	» 65
91615	Deux médaillons avec fleurs....	65,64	86,86	2	» 65
91616	Deux bouquets de fleurs mêlées..	46,46	88,89	2	» 65
91617	— — ..	47,47	90,88	2	» 65
91618	— — ..	46,46	89,88	2	» 65
91619	— — ..	47,46	89,89	2	» 65
91620	— fleurs teintes plates	62,60	72,72	2	» 65
91621	— — id.....	62,62	70,72	2	» 65
91622	— — id.....	61,60	72,73	2	» 65
91623	— —	61,60	72,72	2	» 65
91624	— —	62,61	72,72	2	» 65
91625	— —	61,61	72,72	2	» 65
91626	Bouquet de cactus avec guirlandes	70	70	2	» 65
91628	— mêlé................	70	70	2	» 65
91629	— rose et guirlande......	70	66	2	» 65
91630	— roses ovale, pour dossier.	65	111	2	» 65
91631	— mêlé ovale, pour dossier.	63	110	2	» 65
91641	— roses...............	109	110	2	» 65
91643	— oreilles-d'ours.........	109	106	2	65
91647	— roses...............	80	80	2	» 65
91649	— volubilis............	80	80	2	» 65
91653	— oreilles-d'ours.........	80	80	2	» 65
91657	— dahlias simples.......	107	109		» 65

Numeros des Planches.	DÉSIGNATIONS.	QUANTITÉS DE POINTS en hauteur.	en largeur.	N°s des prix.	PRIX.
91659	Bouquet camélias	110	110	2	» 65
91660	— roses	110	110	2	» 65
91661	— pavots	110	110	2	» 65
91662	— fleurs mêlées	110	110	2	» 65
91663	— pavots	109	109	2	» 65
91664	— églantines	110	110	2	» 65
91665	— marguerites	110	110	2	» 65
91666	— camélias	110	110	2	» 65
91667	— dahlias	110	110	2	» 65
91668	— oreilles-d'ours	110	110	2	» 65
91669	— églantines	110	110	2	» 65
91671	— ovale mêlé	100	60	2	» 65
91672	— fleurs mêlées	86	86	2	» 65
91673	— —	86	86	2	» 65
91674	— —	86	86	2	» 65
91675	— —	86	86	2	» 65
91676	— —	86	86	2	» 65
91676 bis	— ovale	110	60	2	» 65
91677	— tulipes	110	109	2	» 65
91678	— pensées	96	99	2	» 65
91679	— lis et passiflora avec rubans	73	118	2	» 65
91680	— coquelicots, épis et bluets	80	80	2	» 65
91681	— coquelicots pour dossier de chauffeuse	66	150	2	» 65
91682	— fleurs mêlées, id.	66	150	2	» 65
91683	— roses trémières	100	108	2	» 65
91684	— fleurs mêlées	104	78	2	» 65
91685	— —	101	100	2	» 65
91686	— —	100	100	2	» 65
91687	— —	100	100	2	» 65
91688	— —	100	100	2	» 65
91689	— —	100	103	2	» 65
91690	— —	100	100	2	» 65
91691	— —	87	65	2	» 65
91692	— pavots pour dossier de chauffeuse	64	150	2	» 65
91693	Deux bouquets roses et pensées	64,68	66,71	2	» 65
91694	Bouquet de liserons	106	108	2	» 65
91695	— marguerites	114	110	2	» 65

Numéros des Planches.	DÉSIGNATIONS.	QUANTITÉS DE POINTS en hauteur.	QUANTITÉS DE POINTS en largeur.	Nos des prix.	PRIX.
	CORBEILLES ET VASES.				
2270	Corbeille de roses.............	187	174	8	2 25
2512	— fleurs variées........	180	161	7	1 90
2513	— camélias.............	222	193	13	3 50
2607	— fleurs et fruits.......	213	203	14	3 75
2639	— fleurs variées........	118	98	3	» 95
5095	Vase de fleurs variées..........	87	147	3	» 95
5096	— —	90	136	3	» 95
5099	Corbeille de fruits variés.......	134	95	3	» 95
5100	— —	139	107	3	» 95
91507	— fleurs variées........	123	121	2	» 65
91508	Deux corbeilles fleurs variées....	55,70	41,57	2	» 65
91509	— —	63,69	56,75	2	» 65
91510	— —	60,82	41,62	2	» 65
91511	— —	100	100	2	» 65
91512	— —	91	80	2	» 65
91538	— —	118	97	2	» 65
91539	— fruits variés.....	87	68	2	» 65
91540	— —	90	68	2	» 65
91541	Vase de fleurs variées..........	79	111	2	» 65
91542	— —	84	113	2	» 65
	COURONNES, ROSACES, POUFS, GUÉRIDONS ET TABOURETS.				
1818	Couronne de fleurs............	90	90	2	» 65
1819	— roses et diadème.....	70,70	70,40	2	» 65
1822	— roses................	95	95	2	» 65
1823	— roses et volubilis.....	85	85	2	» 65
1824	— de volubilis avec 4 coins	86	85	2	» 65
1825	— fleurs variées........	100	99	2	» 65
1826	— —	104	101	2	» 65
1853	— roses...............	102	79	2	» 65
1854	— —	90	60	2	» 65
1855	— mot souvenir.........	88	57	2	» 65
1856	— — agenda..........	88	57	2	» 65
1875	Deux couronnes ovales..........	85,89	50,55	2	» 65
1876	— rondes.........	60	60	2	» 65
1877	— —	70	70	2	» 65
1878	— —	71	70	2	» 65

Numéros des Planches.	DÉSIGNATIONS.	QUANTITÉS DE POINTS en hauteur.	QUANTITÉS DE POINTS en largeur.	N°s des prix.	PRIX.
1879	Cinq petites couronnes.........	25,40	25,34	2	» 65
1880	— —	25,40	25,35	2	» 65
2236	Couronne de fleurs variées......	138	140	4	1 25
2264	— roses variées.........	120	120	3	» 95
2272	— —	200	180	8	2 25
2506	— roses...............	182	182	8	2 25
2546	— avec coquilles........	148	155	4	1 25
2593	— fleurs variées.........	115	113	3	» 95
2601	— —	148	149	4	1 25
2602	— —	151	149	5	1 50
2606	— roses et géranium....	136	136	5	1 50
2608	— fleurs et feuilles de pommier..........	137	137	4	1 25
2611	— camélias.............	196	188	12	3 15
2638	— pensées et immortelles.	110	110	3	» 95
2713	Rond pour pouf, teintes plates, grandeur naturelle...	181	181	8	2 25
2714	— — id. id...	213	213	11	2 80
2726	— — id. id...	181	181	8	2 25
2727	— — id. id...	181	181	8	2 25
2728	— — id. id...	181	181	8	2 25
2729	— — id. id...	213	213	11	2 80
2730	— — id. id...	217	217	11	2 80
5093	Couronne fleurs variées.........	142	138	4	1 25
5094	— —	148	145	5	1 50
5097	— — grandeur nat.	138	132	10	2 50
5098	— — id......	141	137	10	2 50
5101	— raisin blanc et noir...	148	149	6	1 65
5131	Rond pour tabouret de piano....	157	157	7	1 90
5133	— — —	236	236	14	3 75
5134	— — —	245	245	14	3 75
5142	Couronne de fleurs.............	152	150	8	2 25
5170	— —	111	110	4	1 25
5208	Rond pour tabourets, Smyrne, grandeur naturelle.	161	161	7	1 90
5209	— — — — id....	161	161	7	1 90
5210	— — — — id....	161	161	7	1 90
5211	— — — — id....	161	161	7	1 90
5212	— — — — id....	161	161	7	1 90
5213	— — — — id....	161	161	7	1 90
5215	— — pouf et guéridon, id.	231	231	14	3 75
5216	— — — — id.	231	231	1	3 75

Numéros des Planches.	DÉSIGNATIONS.	QUANTITÉS DE POINTS en hauteur.	QUANTITÉS DE POINTS en largeur.	Nos des prix.	PRIX.

GUIRLANDES ET RONDS DE SERVIETTE, BRETELLES ET CORDONS DE SONNETTE.

2245	Bande fleurs et arabesques.....	60	....	6	1 65
2246	— fleurs variées...........	60	....	8	2 25
2247	— —	90	....	12	3 15
2258	— roses variées...........	50	....	6	1 65
2276	— fleurs variées..........	49	....	6	1 65
2277	— —	61	....	10	2 50
2283	— roses et volubilis........	60	....	5	1 50
2286	— roses et rubans.........	50	....	8	2 25
2287	Deux bandes fleurs et rubans....	52	....	6	1 65
2288	Bande fleurs variées...........	60	....	10	2 50
2297	— fleurs exotiques.........	53	....	6	1 65
2298	— —	62	....	7	1 90
2299	— —	46	....	6	1 65
2316	— fleurs dans des médaillons.	60	....	5	1 50
2508	— cactus rose...............	60	....	11	2 80
2510	— fleurs variées...........	64	....	7	1 90
2516	— —	52	....	7	1 90
2517	— ornements relief avec coin.	62	....	6	1 65
2518	— fleurs variées...........	49	....	6	1 65
2519	— fleurs et rubans.........	67	....	8	2 25
2520	— fleurs variées...........	51	....	7	1 90
2521	— volubilis et rubans......	75	....	8	2 25
2522	— feuilles de vigne et perles.	49	....	3	» 95
2524	— fleurs de pêcher.........	65	....	11	2 80
2525	— fleurs de fantaisie.......	50	....	7	1 90
2526	— lis......................	58	....	10	2 50
2527	— fleurs et rubans.........	59	....	6	1 65
2528	— fleurs variées...........	71	....	10	2 50
2547	— pavots variés............	71	....	10	2 50
2548	— iris fond rouge..........	73	....	13	3 50
2564	— arums....................	74	....	13	3 50
2571	— fleurs, teintes plates.....	66	....	4	1 25
2572	— fleurs et médaillons......	57	....	4	1 25
257[illegible]	— fleurs et rubans..........	57	....	6	1 65
2577	— teintes plates...........	54	....	3	» 95
2578	— rubans et feuillage......	72	....	6	1 65
2582	— grecque id...........	59	....	5	1 50
2583	— roses, teintes plates.....	60	....	6	1 65

Numéros des Planches.	DÉSIGNATIONS.	QUANTITÉS DE POINTS en hauteur.	en largeur.	N°s des prix.	PRIX.
2584	Bande feuilles et fleurs fantaisie, teintes plates...	40	....	5	1 50
2585	— — id......	40	....	5	1 50
2590	— roses églantines id......	47	....	6	1 65
2595	— feuillages et ornements...	52	....	4	1 25
2604	— roses blanches..........	74	....	13	3 50
2605	— roses roses.............	60	....	10	2 50
2616	— fleurs variées,teintes plates	70	....	4	1 25
2617	— — — ...	83	....	4	1 25
2620	— fruits assortis..........	88	....	11	2 80
2624	— médaillons teintes plates..	39	....	3	» 95
2636	— pour crochet carré . id...	53	....	3	» 95
2637	— — id...	53	....	3	» 95
2645	— géranium..............	81	....	7	1 90
2684	— teinte plate,grandeur naturelle......	43	....	4	1 25
2685	— — —	43	....	4	1 25
2686	— — —	43	....	4	1 25
2687	— — —	43	....	4	1 25
2688	— — —	43	....	4	1 25
2689	— — —	43	....	4	1 25
2690	— — —	43	....	4	1 25
2691	— — —	43	....	4	1 25
2694	— — —	43	....	4	1 25
2695	— — —	43	....	4	1 25
2696	— — —	43	....	4	1 25
2697	— — —	43	....	4	1 25
2716	— azaléas.................	101	....	14	3 75
2717	— camélias................	101	....	12	3 15
2718	— teintes plates,grandeur nat.	43	....	4	1 25
2719	— — —	43	....	4	1 25
2720	— grecque —	60	....	6	1 65
2721	— gothique —	84	....	8	2 25
2722	— teintes plates —	80	....	8	2 25
2723	— — —	80	....	8	2 25
2725	— — grecque et coins, grandeur naturelle.	50	....	6	1 65
2733	— dessin arabe teintes plates. grandeur naturelle.	80	....	8	2 25
2734	— ornements — id...	84	....	8	2 25
2735	— fleurs et feuilles fantaisie, teintes plates,grand. nat.	79	....	8	2 25

Numéros des Planches.	DÉSIGNATIONS.	QUANTITÉS DE POINTS en hauteur.	QUANTITÉS DE POINTS en largeur.	N°s des prix.	PRIX.
2738	Bande ornements teintes plates, grandeur nat.	60	....	7	1 90
2740	— filets entrelacés — id...	60	....	6	1 65
2741	— dessin algérien id...	81	....	8	2 25
2742	— rubans et ornements id...	81	....	8	2 25
2745	— lis et cordon.........	80	....	10	2 50
2746	— églantine et cordon......	90	....	5	1 50
2750	— ornement, médaillons, grandeur naturelle.....	79	....	8	2 25
2776	Deux dessins pour bretelles, fleurs variées..	37	....	3	» 95
2777	— — — ..	37	....	3	» 95
2778	— — — ..	37	....	3	» 95
2779	— — — ..	37	....	3	» 95
2782	Bande, impériale, teintes plates, grandeur naturelle..	69	....	8	2 25
2783	— tulipes — id..	63	....	7	1 90
2786	— fleurs — id..	42	....	7	1 90
2787	— hortensia — id..	58	....	7	1 90
2788	— dessin cachemire — id..	61	....	8	2 25
2789	— dessin turc — id..	61	....	7	1 90
2790	— églantine — id..	56	....	7	1 90
2791	— nénuphar — id..	58	....	7	1 90
5004	— ornements — id..	53	....	8	2 25
5010	— algérienne — id..	62	....	7	1 90
5012	— courant de vigne — id..	54	....	7	1 90
5013	— pois de senteur — id..	64	....	7	1 90
5014	— pavots — id..	61	....	7	1 90
5017	— fleurs variées — id..	93	....	10	2 50
5018	— roses trémières — id..	82	....	10	2 50
5019	— fleurs variées — id..	93	....	18	5 30
5038	— glaïeuls — id..	80	....	8	2 25
5039	— corbeille et rubans — id..	39	....	4	1 25
5040	— roses et rubans — id..	41	....	4	1 25
5041	— roses et arabesques id..	40	....	4	1 25
5104	— algérienne, teint. plat. id..	41	....	3	» 95
5105	— — — id..	41	....	3	» 95
5106	— bordure bleue — id..	69	....	5	1 50
5107	— algérienne — id..	72	....	6	1 65
5108	— — — id..	69	....	5	1 50
5109	— — — id..	61	....	5	1 50
5110	— — — id..	69	....	5	1 50

Numéros des Planches.	DÉSIGNATIONS.	QUANTITÉS DE POINTS en hauteur.	en largeur.	N°s des prix.	PRIX.
5111	Bande algérienne, teintes plates, grandeur naturelle..	67	....	6	1 65
5128	— teintes plates...........	55	....	7	1 90
5129	— —	59	....	6	1 65
5130	— écossaise...............	74	....	3	» 95
5138	— fleurs teintes plates......	56	....	6	1 65
5139	— — —	75	....	7	1 90
5143	— feuillage varié..........	113	....	10	2 50
5144	— roses blanches..........	110	....	11	2 80
5145	— fleurs et nid de pinson...	109	....	11	2 80
5146	— roses trémières..........	120	....	11	2 80
5147	— fleurs diverses.........	120	....	18	5 30
5148	— volubilis...............	30	....	4	1 25
5153	— fleurs diverses..........	110	....	10	2 50
5156	— dessin algérien..........	54	....	7	1 90
5157	— — quadrillé.........	70	....	7	1 90
5217	Petites bandes pour tour de tabourets, grandeur naturelle.	23	....	3	» 95
5218	— — — — .	23	....	3	» 95
5222	Bande dessin chevron, grandeur naturelle, teintes plates..	51	....	5	1 50
5223	— — cachemire — id..	51	....	5	1 50
5224	— — chevron — id..	61	....	6	1 65
5225	— — cachemire — id..	61	....	6	1 65
9463	Sept guirlandes boutons de rose..	6,12	....	2	» 65
9464	Sept guirlandes fleurs assorties..	6,17	....	2	» 65
9465	Deux guirlandes fleurs variées...	21,24	....	2	» 65
9468	Quatre guirlandes chêne.......	15,23	....	2	» 65
9469	Deux guirlandes fleurs.........	18,30	....	2	» 65
9470	Six guirlandes grecques et ornements........	8,16	....	2	» 65
9471	Six guirlandes ornements et fleurs	9,20	....	2	» 65
9472	— — — — .	10,20	....	2	» 65
9473	Huit guirlandes ornem. et fleurs.	5,13	....	2	» 65
9474	Guirlande et rond de serviette...	30	....	2	» 65
9475	— — — ...	30	....	2	» 65
9476	— — — ...	30	....	2	» 65
9477	Deux guirlandes fleurs.........	31	....	2	» 65
9478	— — —	30	....	2	» 65
9479	— — —	30,41	....	2	» 65
9480	— — —	29,40	....	2	» 65
9481	— — —	31,37	....	2	» 65

Numéros des Planches	DÉSIGNATIONS.	QUANTITÉS DE POINTS en hauteur.	QUANTITÉS DE POINTS en largeur.	Nos des prix.	PRIX.
9482	Deux guirlandes fleurs.........	30,40	....	2	» 65
9483	— — —	30,40	....	2	» 65
9484	— — —	25,40	....	2	» 65
9485	Trois — —	30	....	2	» 65
9486	Deux — —	30,31	....	2	» 65
9487	— — —	30,40	....	2	» 65
9488	— — —	30,40	....	2	» 65
9489	— — —	30,40	....	2	» 65
9490	Trois — —	28,30	....	2	» 65
9491	Trois guirlandes fleurs variées, teintes plates..	20,22,26	....	2	» 65
9492	Deux — et ornements id.	41,44	....	2	» 65
9493	— — fantaisie id.	40,50	....	2	» 65
9494	— — fruits et fleurs variées	34,40	....	2	» 65
9495	Trois — fleurs, rubans et feuillages..........	30	....	2	» 65
9497	Deux — fleurs et ornements.	27,30	....	2	» 65
9498	— — — teintes plates.	28,35	....	2	» 65
9499	— — roses — .	26,27	....	2	» 65
9500	— — et volubilis........	30	....	2	» 65
9501	— — palmes et dessin fantaisie..........	30	....	2	» 65
9502	— — fleurs et ornements.	27,30	....	2	» 65
9504	— — feuillage, volubilis et rubans.........	38,41	....	2	» 65
9505	— — fleurs variées......	30	....	2	» 65
9506	— — camélias et fuchsias.	27,40	....	2	» 65
9507	— — palmes, fleurs variées, feuillages........	30	....	2	» 65
9508	— — roses et rubans....	40,46	....	2	» 65
9509	— — fleurs et feuillages..	29,31	....	2	» 65
9510	Trois — fleurs et ornements.	24	....	2	» 65
9511	— — ornements, fleurs et rubans.........	24	....	2	» 65
9562	Deux — feuillage...........	28,35	....	2	» 65
9563	— — fleurs et fruits.....	30,40	....	2	» 65
9564	— — fleurs............	25	....	2	» 65
9565	— — roses à coins.......	19,30	....	2	» 65
9566	— — roses et myosotis...	30	....	2	» 65
9571	— — fleurs............	25,30	....	2	» 65
9574	Cinq — roses..............	10,21	....	2	» 65
9575	Deux — roses et ornements..	30	....	2	» 65

Numéros des Planches	DÉSIGNATIONS.	QUANTITÉS DE POINTS en hauteur.	en largeur.	Nos des prix.	PRIX.
9576	Deux guirlandes de personnages.	34	....	2	» 65
9577	— — —	34	....	2	» 65
9581	— — fleurs et ornements.	31,40	....	2	» 65
9582	— — — ...	22,24	....	2	» 65
9583	— — ornements gothiques	31,35	....	2	» 65
9584	— — fleurs............	30,40	....	2	» 65
9585	Trois — roses............	10,20,30	....	2	» 65
9586	Deux — ornements et fleurs.	25,35	....	2	» 65
9587	Trois — fleurs............	10,15,21	....	2	» 65
9588	Cinq — fleurs et ornements.	9,17	....	2	» 65
9589	Deux — fleurs............	24,25	....	2	» 65
9590	— — fleurs et ornements.	30	....	2	» 65
9591	Trois — — ...	14,20,23	....	2	» 65
9592	— — — ...	15,20,25	....	2	» 65
9593	Deux — feuillage et corail..	30	....	2	» 65
9594	Trois — ornements.........	18,20,27	....	2	» 65
9595	Deux — fleurs............	21,27	....	2	» 65
9596	Trois — fleurs et ornements.	13,19,27	....	2	» 65
9597	Deux — fleurs............	20,25	....	2	» 65
9598	— — roses et pensées.....	20,27	....	2	» 65
9599	Trois — fleurs et ornements.	14,22,28	....	2	» 65
9600	Guirlande, fleurs et grecque....	9,37	....	2	» 65
9601	Deux guirlandes, fleurs et palmes.	30	....	2	» 65
9604	— — fleurs............	25,30	....	2	» 65
9605	— — feuilles de chêne....	25,30	....	2	» 65
9606	Trois — ornements.........	18,19,25	....	2	» 65
9607	Deux — roses et feuillage...	20,25	....	2	» 65
9622	Guirlande costumes suisses.....	50	....	2	» 65
9623	— — —	50	....	2	» 65
9624	— — —	50	....	2	» 63
9625	— — —	50	....	2	» 65
9626	— — —	50	....	2	» 65
9627	— — —	50	....	2	» 65
9628	— roses...............	60	....	2	» 65
9629	— roses et ornements..	50	....	2	» 65
9630	— fleurs variées.......	50	....	2	» 65
9631	— roses et rubans......	44	....	2	» 65
9632	— fleurs variées.......	60	....	2	» 65
9633	— —	60	....	2	» 65
9634	— teintes plates........	45,19	....	2	» 65
9635	— de vigne...........	50	....	2	» 65
9636	— —	50	....	2	» 65

Numéros des Planches.	DÉSIGNATIONS.	QUANTITÉS DE POINTS en hauteur.	en largeur.	Nos des prix.	PRIX.
9637	Guirlande de chêne...........	50	....	2	» 65
9638	— teintes plates.......	60	....	2	» 65
9639	— —	45	....	2	» 65
9640	— rubans et fleurs.....	35,39	....	2	» 65
9641	— médaillons gothiques.	48	....	2	» 65
9642	— rose et raisin.......	48	....	2	» 65
9643	— fuchsia et roseaux...	48	....	2	» 65
9644	— gothique...........	43	....	2	» 65
9645	— ornements et fleurs variées...	46	....	2	» 65
9646	— — — ...	45	....	2	» 65

SUJETS ET PAYSAGES.

Numéros des Planches.	DÉSIGNATIONS.	en hauteur.	en largeur.	Nos des prix.	PRIX.
2041	Paysage, chalet...............	151	84	2	» 65
2042	Sujet de chasse..............	129	85	2	» 65
2043	— —	129	85	2	» 65
2044	Sujet colin-maillard..........	143	103	3	» 95
2045	Ménétrier et enfants dansant...	155	117	4	1 25
2046	Chalet et paysage............	216	130	6	1 65
2047	Petite fille et chien..........	141	108	4	1 25
2048	Paysage....................	150	99	3	» 95
2049	— avec église..........	184	140	4	1 25
2050	Marine.....................	156	102	3	» 95
2051	Paysage....................	145	76	2	» 65
2052	—	146	81	2	» 65
2053	La lanterne magique..........	151	106	5	1 50
2054	Famille cueillant des roses.....	158	109	5	1 50
2055	Enfant couché sur chien.......	140	110	6	1 65
2056	Paysage....................	156	190	10	2 50
2057	—	156	190	10	2 50
2058	—	223	170	14	3 75
2059	—	223	170	14	3 75
2060	Sujet de chasse..............	202	126	5	1 50
2061	Sujet espagnol...............	220	160	8	2 25
2062	Vue de Londres...............	140	110	2	» 65
2063	Tour de Londres..............	140	104	2	» 65
2064	Paysage....................	160	102	3	» 95
2065	Château d'Amboise...........	165	125	5	1 50
2066	Paysage, vaches s'abreuvant....	160	130	5	1 50
2067	Deux enfants pêchant..........	178	131	7	1 90
2068	Rendez-vous de chasse.........	119	124	10	2 50

Numéros des Planches	DÉSIGNATIONS.	QUANTITÉS DE POINTS en hauteur.	en largeur.	Nos des prix.	PRIX.	
2069	Paysage, ferme................	181	128	8	2	25
2070	Paysage......................	261	150	11	2	80
2680	La bergère...................	139	98	4	1	25
2800	La permission de dix heures....	280	354	21	7	50
2803	Petite fille et écureuil..........	220	275	15	4	40
2805	Contrebandiers espagnols.......	290	338	21	7	50
2806	Jeune garçon avec chien........	220	270	15	4	40
2807	Petite fille et griffon...........	260	320	23	9	40
2808	Jeune mère et l'enfant.........	380	440	25	11	75
2809	L'attente du retour............	265	220	16	4	70
2810	Le favori du château...........	202	259	21	7	50
2813	Jeune fille grecque............	206	252	21	7	50
2814	La reine Isabelle II d'Espagne...	260	320	25	11	75
2815	La famille du contrebandier.....	410	480	30	37	50
2816	La mère de famille............	460	527	36	60	»
2817	La Bohémienne...............	431	508	36	60	»
3200	Bergère et moutons............	163	144	4	1	25
3203	Jeune fille et chien............	180	140	6	1	65
3204	Jeune pâtre assis.............	140	130	4	1	25
3205	Contrebandier assis............	158	199	8	2	25
3206	Brigand espagnol.............	181	203	11	2	80
3207	— —	187	205	11	2	80
3208	Jeune fille et perroquet.........	216	206	11	2	80
3209	Berger et sa famille...........	230	186	10	2	50
3210	Les vendangeuses............	198	188	10	2	50
3211	L'école buissonnière...........	176	166	10	2	50
3212	Berger et sa famille............	145	154	7	1	90
3213	Jeune pâtre debout............	143	131	4	1	25
3214	La bonne aventure............	185	151	7	1	90
3215	Italienne à la fontaine.........	200	265	16	4	70
3216	La marchande de volaille.......	160	182	6	1	65
3218	L'attente du pêcheur...........	188	149	8	2	25
3219	Groupe d'enfants et fleurs......	232	207	16	4	70
3220	Le petit chaperon rouge........	224	284	16	4	70
3221	Jeune garçon avec chien.......	213	174	14	3	75
3222	— — —	208	203	14	3	75
3223	Famille de pêcheur napolitain...	224	176	11	2	80
3224	Chasseur à cheval............	143	109	4	1	25
3225	Enfant avec fruits............	200	174	14	3	75
3226	Berger et moutons............	164	168	11	2	80
3227	Chasseur....................	140	132	7	1	90
3228	Les tigres favoris.............	277	200	18	5	30

Numéros des Planches	DÉSIGNATIONS.	QUANTITÉS DE POINTS en hauteur.	QUANTITÉS DE POINTS en largeur.	Nos des prix.	PRIX.
3229	Baigneuses	155	204	10	2 50
3230	Petit fermier et ses chiens	217	185	16	4 70
3231	Le petit médecin	191	180	10	2 50
3240	Virginie	180	220	12	3 15
3241	Paul	180	220	12	3 15
5171	Deux enfants lisant	110	110	3	» 95
5172	Mère et enfant (la prière)	110	109	3	» 95
5173	— — (le baiser)	110	110	3	» 95
5174	Mademoiselle de la Vallière	111	110	3	» 95
91043	Chapelle de Guillaume Tell	165	107	2	» 65
91044	Paysage	165	105	2	» 65
91046	—	118	80	2	» 65
91047	—	100	118	2	» 65
91048	—	144	76	2	» 65
91049	—	145	84	2	» 65
91050	— avec chapelle	125	83	2	» 65
91052	—	118	80	2	» 65
91053	—	123	78	2	» 65
91054	—	114	80	2	» 65
91055	—	114	70	2	» 65
91056	—	135	85	2	» 65
91057	Mausolée	130	98	2	» 65
91058	—	132	96	2	» 65
91059	Ruine gothique	110	78	2	» 65
91060	Mausolée	117	90	2	» 65
91061	—	100	120	2	» 65
91062	—	95	127	2	» 65
91063	Paysage, chalet	98	69	2	» 65
91064	Moulin à eau	90	100	2	» 65
91065	Château	133	76	2	» 65
91066	Paysage	93	89	2	» 65
91067	Chalet	93	65	2	» 65
91068	Paysage et mosquée	79	94	2	» 65
91069	—	115	69	2	» 65
91074	—	106	79	2	» 65
91075	— et ruines	132	81	2	» 65
91076	— maison de campagne	134	81	2	» 65
91077	—	140	91	2	» 65
91078	Le loup et le cheval	161	103	2	» 65
91105	Napoléon Ier	105	140	2	» 65
91106	Plus heureux qu'un roi	114	146	3	» 95
91107	Le repas de la chèvre	98	87	2	» 65

Numéros des Planches.	DÉSIGNATIONS.	QUANTITÉS DE POINTS en hauteur.	QUANTITÉS DE POINTS en largeur.	Nos des prix.	PRIX.
91108	Colon et écureuil..............	109	97	2	» 65
91109	Enfants et nid d'oiseaux........	105	90	2	» 65
91110	Paul et Virginie...............	97	107	2	» 65
911 1	— —	98	106	2	» 65
91112	Savoyards.....................	90	119	2	» 65
91113	Enfants avec lapins............	98	106	2	» 65
91114	Brigand espagnol...............	86	95	2	» 65
91115	Jeannot et son chien...........	91	110	2	» 65
91116	Petite fille avec fleurs...........	89	110	2	» 65
91117	Voiture d'enfants..............	133	86	2	» 65
91118	Enfants et chien...............	134	69	2	» 65
91119	Jeunes garçons avec fruits.......	140	143	4	1 25
91120	Petits pêcheurs avec chien......	116	130	3	» 95
91121	Femme suisse.................	101	90	2	» 65
91122	Écossaises....................	90	95	2	» 65
91123	Petite fille cueillant des roses....	130	130	3	» 95
91124	Petits pêcheurs...............	150	94	4	1 25
91125	Petites paysannes avec fleurs...	140	96	2	» 65
91126	Contrebandier.................	84	116	2	» 65
91127	Petite fille et perroquet.........	124	110	3	» 95
91128	Paysannes avec fleurs..........	85	90	2	» 65
91129	Braconnier....................	100	83	2	» 65
91130	Deux sujets paysages..........	88,89	50,61	2	» 65
91141	Deux paysages................	96	59	2	» 65
91142	— —	84	55	2	» 65
91143	— —	87	58	2	» 65
91144	Quatre paysages...............	61	44	2	» 65
91145	— —	60	40	2	» 65
91146	Deux sujets....................	77	60	2	» 65
91150	Quatre paysages...............	52,54	47,56	2	» 65
91151	— —	52,54	45,57	2	» 65
91168	Napoléon III..................	97	117	2	» 65
91169	Chasseurs	98	95	2	» 65
91170	—	98	94	2	» 65
91171	—	98	95	2	» 65
91172	Le corbeau et le renard........	163	102	2	» 65
91173	Le loup devenu berger.........	151	102	2	» 65
91174	Le loup et le renard...........	160	101	2	» 65
91175	Le renard et les raisins.........	159	99	2	» 65
91176	La cigale et la fourmi..........	150	97	2	» 65
91177	Le loup et l'agneau............	166	102	2	» 65
91178	Le loup et la cigogne..........	170	101	2	» 65

Numéros des Planches.	DÉSIGNATIONS.	QUANTITÉS DE POINTS en hauteur.	QUANTITÉS DE POINTS en largeur.	Nos des prix.	PRIX.
91179	La chèvre et le chevreau........	163	107	2	» 65
91180	La grenouille et le bœuf.........	162	99	2	» 65
91181	Le coq et le renard.............	155	105	2	» 65
91182	L'aigle et l'escarbot............	156	102	2	» 65
91183	L'âne et le chien..............	162	110	2	» 65
91184	Deux sujets paysages..........	70	50	2	» 65
91185	— — —	70	50	2	» 65
91186	Quatre — —	54	53,54	2	» 65
91187	— — —	54.55	51,52	2	» 65

SUJETS DE SAINTETÉ.

Numéros des Planches.	DÉSIGNATIONS.	QUANTITÉS DE POINTS en hauteur.	QUANTITÉS DE POINTS en largeur.	Nos des prix.	PRIX.
783	Dessus de livre................	90	105	2	» 65
2104	Saint Jean-Baptiste............	115	1 8	3	» 95
2105	La Vierge au jardin............	120	175	6	1 65
2106	Saint Jean et le Sauveur.......	120	140	4	1 25
2107	Sainte famille................	100	120	3	» 95
2108	La Samaritaine...............	110	130	4	1 25
2109	Jésus chez Marthe et Marie.....	130	110	4	1 25
2110	Laissez venir à moi les petits enfants.................	130	110	4	1 25
2111	La Vierge à la chaise..........	131	142	6	1 65
2112	— —	210	210	10	4 70
2113	La fuite en Égypte............	190	154	8	2 25
2114	La Vierge et l'enfant Jésus.....	131	225	8	2 25
2331	Agneau pascal................	216	196	11	2 80
2555	Croix gothique, entourage fleurs et raisins.....	151	141	7	1 90
2558	— et fleurs................	138	140	5	1 50
2594	Pale........................	150	147	5	1 50
2618	Étole........................	....	....	8	2 25
2619	—	....	....	8	2 25
2621	Pale.........................	....	....	4	1 25
2622	—	....	....	4	1 25
2625	Voile de calice...............	....	....	10	2 50
2633	Chasuble roses et lis..........	....	....	21	7 50
2634	Étole pastorale roses et lis......	....	....	20	6 60
2635	— —	....	....	20	6 60
2642	Pie IX......................	149	173	8	2 25
2657	Chasuble fleurs et fruits........	....	....	21	7 50
2666	Accoudoir de prie-Dieu.........	219	63	4	1 25
2667	— —	219	65	4	1 25

Numéros des Planches.	DÉSIGNATIONS.	QUANTITÉS DE POINTS en hauteur.	en largeur.	N°s des prix.	PRIX.
2668	Accoudoir de prie-Dieu.........	239	86	6	1 65
2693	— —	267	64	7	1 90
2715	Étole et manipule lis et roses...	....	....	18	5 30
2731	Accoudoir de prie-Dieu........	200	47	3	» 95
2804	La fuite en Égypte............	228	297	21	7 50
2811	Laissez venir à moi les petits enfants..................	225	285	22	8 50
2812	Vierge au raisin..............	300	370	21	7 50
5090	Assomption..................	247	407	25	11 75
5091	Saint Pierre.................	238	349	21	7 50
5179	Prie-Dieu....................	227	75	6	1 65
5180	—	199	176	14	8 75
5192	Saint Jean évangéliste.........	238	350	25	11 75
5195	Notre-Dame des anges..........	82	177	6	1 65
94201	Sainte Geneviève.............	97	114	2	» 65
94202	Sainte Thérèse...............	97	114	2	» 65
94203	Sainte Élisabeth..............	97	114	2	» 65
94204	Saint Henri..................	97	114	2	» 65
94205	L'ange gardien...............	97	114	2	» 65
94206	Saint Jacques................	97	114	2	» 65
94207	Sainte Cécile................	97	114	2	» 65
94208	Sainte Catherine.............	97	114	2	» 65
94209	Sainte Marguerite............	97	144	2	» 65
94211	Saint Joseph.................	80	100	2	» 65
94212	Saint Jean évangéliste.........	80	100	2	» 65
94213	Sainte Jeanne................	90	113	2	» 65
94214	Le bon pasteur en pied........	92	140	2	» 65
94215	— en buste......	97	114	2	» 65
94216	Sainte Anne..................	97	114	2	» 65
94217	Saint François-Xavier..........	97	114	2	» 65
94218	Saint Nicolas................	97	114	2	» 65
94219	Saint Louis..................	97	114	2	» 65
94220	Saint Joseph.................	97	114	2	» 65
94221	Notre-Seigneur Jésus-Christ....	97	114	2	» 65
94222	La sainte Vierge.............	97	114	2	» 65
94223	Saint Charles................	97	114	2	» 65
94224	Sainte Madeleine.............	97	114	2	» 65
94225	Saint Luc....................	97	114	2	» 65
94226	Sainte Adélaïde..............	97	114	2	» 65
94227	Saint Paul...................	97	114	2	» 65
94228	Saint Pierre.................	97	114	2	» 65
94229	Saint Étienne................	97	114	2	» 65

Numéros des Planches.	DÉSIGNATIONS.	QUANTITÉS DE POINTS en hauteur.	en largeur.	N°s des prix.	PRIX.
91230	Notre-Dame del Pilar...........	54	179	2	» 65
91231	La prière....................	90	110	2	» 65
91232	Les trois vertus théologales.....	150	130	2	» 65
91233	Saint André..................	97	114	2	» 65
91234	Sainte Eulalie................	97	114	2	» 65
91235	Sainte Julie..................	97	114	2	» 65
91237	Saint Vincent de Paul..........	93	100	2	» 65
91240	Sainte Geneviève avec moutons..	110	100	2	» 65
91241	Saint Laurent................	97	114	2	» 65
91242	Notre-Dame du mont Carmel....	97	114	2	» 65
91243	Notre-Dame des sept douleurs...	97	114	2	» 65
91244	Pie IX......................	98	111	2	» 65
91245	Christ en croix...............	90	137	2	» 65
91246	Immaculée conception..........	73	134	2	» 65
91247	Mater dolorosa...............	87	90	2	» 65
91248	Ecce homo...................	85	103	2	» 65
91249	Pale.........................	104	136	2	» 65
91250	Chiffres de Jésus et Marie.......	20,39	16,46	2	» 65
91260	Croix et quatre bouquets.......	122	76	2	» 65
91261	Calice.......................	122	76	2	» 65
91262	Pale, croix, entourage fleurs....	80	79	2	» 65
91263	Pale, calice avec fleurs.........	80	80	2	» 65
91264	Trois attributs religieux.......	32	80	2	» 65
91265	Croix or avec couronne de roses.	70	100	2	» 65
91266	Agneau pascal................	120	70	2	» 65
91267	Deux petits mausolées.........	75	52	2	» 65
91268	Croix et calice................	45,68	34,68	2	» 65
91269	Trois colonnes de mausolées....	34	78	2	» 65
91270	— —	31	76	2	» 65
91270 bis	Croix avec fleurs..............	71	109	2	» 65
91272	— avec couronnes.........	71	103	2	» 65
91273	— avec fleurs............	72	111	2	» 65
91274	Attributs religieux............	80	80	2	» 65
91275	Cinq attributs religieux........	19,70	29,54	2	» 65
91276	Attributs d'évêque............	110	92	2	» 65
91277	Pale........................	94	94	2	» 65
91278	—	121	120	2	» 65
91279	Attributs religieux...........	33,52	26,42	2	» 65
91280	— —	28,45	25,45	2	» 65
91281	— —	30,63	31,47	2	» 65
91282	— —	40	61	2	» 65
91283	Pale, agneau pascal...........	119	120	2	» 65

Numéros des Planches.	DÉSIGNATIONS.	QUANTITÉS DE POINTS en hauteur.	QUANTITÉS DE POINTS en largeur.	Nos des prix.	PRIX.
91284	Pale, nom de Jésus...........	120	120	2	» 65
91285	— nom de Marie...........	121	120	2	» 65
91286	Scapulaires...................	46,45	55,55	2	» 65
91287	—	46,46	57,57	2	» 65
91288	—	41,45	52,54	2	» 65
91289	Pale........................	120	120	2	» 65
91290	— instruments de la passion..	120	120	2	» 65
91291	Scapulaire..................	50	50	2	» 65
91292	Pale, croix de roses...........	102	100	2	» 65
91293	— — et lis au milieu.	100	100	2	» 65
91294	Saint Antoine................	97	114	2	» 65
91295	Saint Martin.................	97	114	2	» 65
91296	Notre-Dame du Carmel.........	97	114	2	» 65
91297	Notre-Dame du rosaire.........	97	114	2	» 65
91298	Saint Raphaël................	97	114	2	» 65
	ANIMAUX ET OISEAUX.				
2129	Chiens de berger.............	138	75	2	» 65
2130	Chat couché sur coussin.......	136	85	4	1 25
213[illegible]	— — —	218	127	7	1 90
2132	Chien assis..................	230	128	7	1 90
2133	— —	175	100	4	1 25
2134	— —	140	88	3	» 95
2135	Épagneul sur coussin..........	157	103	4	1 25
2137	— —	215	147	11	2 80
2138	Lion couché..................	192	105	7	1 90
2139	Cheval blanc.................	163	120	7	1 90
2140	— brun cabré...........	220	165	10	2 50
2141	Chat rouge..................	202	121	7	1 90
2142	Épagneul....................	110	86	4	1 25
2265	Oiseau sur branche...........	142	135	4	1 25
2279	Perroquet....................	145	136	4	1 25
2280	—	130	150	4	1 25
2327	Chien couché.................	262	150	11	2 80
2328	— de chasse.............	220	170	11	2 80
2329	King's Charles sur coussin......	246	166	14	3 75
2330	Chienne et ses petits..........	200	132	8	2 25
2332	Chien debout sur terrain.......	288	171	11	2 80
2333	Deux chevaux................	262	206	11	2 80
2334	Chat jouant sur coussin.......	223	174	10	2 50
2335	Levrette assise...............	211	157	10	2 50

Numéros des Planches.	DÉSIGNATIONS.	QUANTITÉS DE POINTS en hauteur.	QUANTITÉS DE POINTS en largeur.	N°ˢ des prix.	PRIX.
2336	Cerf.	176	181	10	2 50
2337	Cerf.	156	126	7	1 90
2338	Chien de Terre-Neuve.	300	187	18	5 30
2629	Faisan doré	290	331	18	5 30
2630	— argenté.	260	300	18	5 30
2631	Perroquet blanc	232	277	18	5 30
2632	Paon	158	195	11	2 80
2658	Aigle impérial avec entourage	175	176	10	2 50
2665	Grand aigle —	258	292	21	7 50
2679	Cerf aux abois	140	87	3	» 95
2681	Trois canards	158	88	3	» 95
2682	Coq et ses poules	148	92	3	» 95
5042	Chat couché s. coussin, grand. nat.	77	50	3	» 95
5043	Chien — — id.	76	56	3	» 95
5044	Chat — — id.	82	56	3	» 95
5045	Chien de chasse — id.	96	71	3	» 95
5046	Chat debout — id.	97	72	3	» 95
5047	— — sur tapis id.	96	71	3	» 95
5048	Chien de chasse id.	96	69	3	» 95
5049	Chat debout, sur coussin id.	98	71	3	» 95
5050	Chien couché — id.	99	62	3	» 95
5051	Chat — — id.	98	61	3	» 95
5052	— — — id.	102	60	3	» 95
5053	— debout — id.	105	79	4	1 25
5054	Levrette couchée — id.	106	79	3	» 95
5055	Épagneul — id.	104	82	4	1 25
5056	Griffon debout — id.	103	80	4	1 25
5057	Chien et chat — id.	150	150	12	3 15
5058	— — — id.	150	150	12	3 15
5059	Deux chats sur terrasse id.	150	150	12	3 15
5060	Levrette et épagneul id.	150	150	12	3 15
5075	— sur coussin id.	102	70	3	» 95
5196	Écureuil	138	148	8	2 25
5197	Girafe	117	119	3	» 95
91317	Chien, debout sur terrain	97	71	2	» 65
91318	— d'arrêt	169	96	2	» 65
91319	— de Terre-Neuve	170	124	2	» 65
91322	— sur coussin	125	75	2	» 65
91323	Levrette assise sur terrain	133	70	2	» 65
91324	Jeune chien sur coussin	110	81	2	» 65
91326	Groupe de chiens	111	74	2	» 65
91327	Épagneul debout	113	65	2	» 65

Numéros des Planches.	DÉSIGNATIONS.	QUANTITÉS DE POINTS en hauteur.	QUANTITÉS DE POINTS en largeur.	Nos des prix.	PRIX.
91330	Gros chat assis................	125	88	2	» 65
91332	Chat couché sur coussin.......	112	63	2	» 65
91333	— jouant —	99	63	2	» 65
91335	Chien sur coussin............	125	74	2	» 65
91336	— —	124	80	2	» 65
91337	Bouledogue sur terrain.........	135	81	2	» 65
91338	Chien sur coussin............	115	76	2	» 65
91339	Chat —	114	76	2	» 65
91340	Deux chiens sur terrain.......	71	51	2	» 65
91341	Chien et écureuil..............	75,80	49,61	2	» 65
91342	Groupe de chèvres...........	120	60	2	» 65
91343	Chien sur coussin............	110	86	2	» 65
91344	Deux chiens..................	60,78	35,50	2	» 65
91345	Chien dans broussailles........	117	73	2	» 65
91346	Chat sur coussin.............	102	86	2	» 65
91347	— —	110	84	2	» 65
91348	— debout.................	111	86	2	» 65
91349	— couché..................	101	60	2	» 65
91350	— sur coussin.............	95	76	2	» 65
91351	— et chèvre................	74,82	36,55	2	» 65
91352	— jaune sur coussin.........	97	61	2	» 65
91353	— noir debout sur coussin...	106	77	2	» 65
91354	Chien épagneul debout — ...	98	71	2	» 65
[illegible]135[illegible]	Chat et chien................	77,75	52,54	2	» 65
[illegible]1373	Groupe de chèvres...........	120	72	2	» 65
[illegible]1374	[illegible] élancé..................	130	96	2	» 65
91[illegible]80	[illegible]................	127	84	2	» 65
91[illegible]8[illegible]	[illegible]................	135	84	2	» 65
91[illegible]82	[illegible]................	118	84	2	» 65
[illegible]1383	[illegible]................	124	88	2	» 65
91385	[illegible]................	116	87	2	» 65
9138[illegible]	[illegible]................	1[illegible]6	104	2	» 65
91387	— [illegible]................	118	99	2	» 65
9138[illegible]	[illegible]	1[illegible]3	114	2	» 65
9138[illegible]	[illegible]	118	87	2	» 65
91390	Él[illegible]................	93	112	2	» 65
91391	Écureuil....................	107	110	2	» 65
91398	Tigre......................	137	85	2	» 65
91399	Panthère....................	113	78	2	» 65
91404	Coq........................	102	99	2	» 65
91440	Deux oiseaux sur branche......	122	82	2	» 65
91441	— — —	119	77	2	» 65

Numéros des Planches.	DÉSIGNATIONS.	QUANTITÉS DE POINTS en hauteur.	QUANTITÉS DE POINTS en largeur.	Nos des prix.	PRIX.
91445	Oiseau sur branche et fleurs....	150	90	2	» 65
91446	Oiseaux — —	141	99	2	» 65
91447	Perroquet....................	100	110	2	» 65
91448	Chiens et poules..............	74,88	35,49	2	» 65
91449	Oiseau sur branche...........	130	85	2	» 65
91450	Autruche	83	144	3	» 65
91451	Oiseau de paradis.............	109	80	2	» 65
91452	Faisan doré..................	115	82	2	» 65
91453	Deux oiseaux sur branche.......	128	85	2	» 65
91454	Aigle impérial...............	83	132	2	» 65
91457	Quatre papillons..............	31,82	34,49	2	» 65
91458	Sept —	25,70	14,40	2	» 65
91470	Six sujets animaux divers.....	54,56	36,43	2	» 65
91471	— — — —	48	31,39	2	» 65
91472	Quatre sujets oiseaux —	48,58	33,47	2	» 65
91473	— — — —	38,46	61,70	2	» 65
91474	Dromadère et oiseaux..........	38,51	47,58	2	» 65
91475	Girafe et oiseaux.............	40,57	35,67	2	» 65
91480	Quatre animaux................	45,50	25,30	2	» 65
91488	Onze objets et oiseaux.........	9,58	9,40	2	» 65
91489	Quinze oiseaux et animaux......	18,35	12,45	2	» 65
91490	Quatre oiseaux................	54,64	44,46	2	» 65
91491	Huit animaux..................	34,49	25,45	2	» 65
91492	Personnages et animaux.......	33,62	25,45	2	» 65
91493	— —	27,60	27,43	2	» 65
91494	Douze animaux................	19,45	19,35	2	» 65
91495	Quatre oiseaux................	43,54	64,78	2	» 65
91496	Cinq —	49,53	28,49	2	» 65
91497	Six —	40,50	28,39	2	» 65
91498	Cinq —	39,48	26,48	2	» 65
91499	Cinq —	28,57	24,45	2	» 65
91500	Cinq —	53,68	30,36	2	» 65
91501	Cinq sujets et oiseaux........	35,60	21,47	2	» 65
91502	— — et animaux.......	26,51	28,30	2	» 65
91503	— — —	19 43	18,39	2	» 65
91504	— oiseaux	35,47	32,43	2	» 65

ALPHABETS.

261	Alphabet anglais, majuscules fleuries...	....	14	2	» 65
266	— — — de A à O.	....	25	2	» 65
266 b.	— — — de P à Z.	....	25	2	» 65

Numéros des Planches	DÉSIGNATIONS.	QUANTITÉS DE POINTS en hauteur.	en largeur.	Nos des prix.	PRIX.
1157	Deux alphabets majusc. fleuries..	....	10	2	» 65
1158	Alphabet gothique, majusc. A à M.	....	25	2	» 65
1159	— — — N à Z.	....	25	2	» 65
9828	— capitales et petit romain	....	....	2	» 65
9829	— majuscule, anglaise....	....	15	2	» 65
9830	— — et minuscule gothique...	....	12	2	» 65
9831	— majuscule, gothique...	....	15	2	» 65
9832	— capitales fleuries......	....	14	2	» 65
9833	— — —	....	15	2	» 65
9834	Quatre alphab. anglais et chiffres.	....	7,9	2	» 65
9835	— — gothique — ..	....	....	2	» 65
9836	Alphabet gothique............	....	17	2	» 65
9837	— majuscule, anglaise....	....	17	2	» 65
9838	Deux alphabets petite gothique..	....	8,12	2	» 65
9839	— — anglaise........	....	5,12	2	» 65
9840	Alphabet majuscule, anglaise fleurie....	....	16	2	» 65
9841	— — — — ..	....	15	2	» 65
9842	— — gothique....	....	17	2	» 65
9843	Deux alphabets gothiques......	....	9,15	2	» 65

PETITS OBJETS DÉTACHÉS.

Numéros des Planches	DÉSIGNATIONS.	en hauteur.	en largeur.	Nos des prix.	PRIX.
1105	Six objets bouquets et couronnes.	25,40	25,40	2	» 65
1153	Quatre bouquets..............	44	42	2	» 65
1154	Neuf petits personnages........	25,40	25,70	2	» 65
1155	— —	25,50	25,50	2	» 65
1156	Quatorze personnages, fleurs et animaux................	20,30	15,35	2	» 65
1671	Coins arabesques.............	92	100	2	» 65
1900	Six coins fleurs et feuillages....	40,54	40,55	2	» 65
1901	Six — — — ...	28,89	27,99	2	» 65
1902	Quatre — — — ...	45,79	37,90	2	» 65
1903	Deux — — — ...	81	81	2	» 65
1904	Quatre — — et ornements...	28,100	28,90	2	» 65
1905	Deux coins fleurs mêlées......	78	78	2	» 65
1906	Cinq — —	25,69	25,69	2	» 65
1907	— — —	24,66	24,67	2	» 65
1908	Quatre — —	36,99	36,99	2	» 65
1942	Coin et bordure grecque.......	30	....	2	» 65
1944	— et bordure...............	....	....	2	» 65

Numéros des Planches.	DÉSIGNATIONS.	QUANTITÉS DE POINTS en hauteur.	en largeur.	N°s des prix.	PRIX.
1945	Quatre bordures...............	....	....	2	» 65
1951	— —	....	20,31	2	» 65
2005	Neuf petits sujets.............	....	....	2	» 65
2006	Quatre arbres..................	55	40	2	» 65
2007	Couronne et quatre coins.......	50	37,50	2	» 65
2644	Quatre coins fleurs mêlées......	28,129	28,129	4	1 25
9720	Vingt sujets détachés..........	10,50	10,31	2	» 65
9725	Six corbeilles et bouquets......	29,60	29,45	2	» 65
9729	Cinq bouquets..................	29,71	26,77	2	» 65
9730	Neuf sujets détachés...........	20,46	20,45	2	» 65
9731	Huit couronnes de titres........	35,53	18.46	2	» 65
9732	Dix-sept objets détachés,.......	10,40	10,45	2	» 65
9733	Quinze — —	8,35	8,36	2	» 65
9735	Six — —	30,40	30,40	2	» 65
9736	Quinze — —	20	20	2	» 65
9739	Quatre diadèmes fleurs.........	25,30	60,70	2	» 65
9741	Quatre bouquets et couronnes...	40	40	2	» 65
9742	Six bouquets variés............	40	40	2	» 65
9743	— — —	40	40	2	» 65
9744	Trois diadèmes fleurs..........	25,34	71,79	2	» 65
9746	— — —	24,32	83,85	2	» 65
9747	Deux — feuillages.......	29	99	2	» 65
9748	Cinq — fleurs..........	9,33	38,80	2	» 65
9749	Trois — —	25,41	60,75	2	» 65
9750	— — —	26,35	69,80	2	» 65
9752	Cinq objets et corbeille........	30,40	30,54	2	» 65
9753	— — —	30	30,40	2	» 65
9754	— — —	47,66	40,45	2	» 65
9755	Deux diadèmes, fleurs et coins...	20	78	2	» 65
9756	Trois — et corbeilles....	21,48	59,75	2	» 65
9757	Couronne longue et diadème....	24,42	105,120	2	» 65
9758	— — et deux diadèmes.	47	117	2	» 65
9761	Deux diadèmes fleurs..........	40,45	70,80	2	» 65
9762	Un diadème, fleurs et ornements.	55	120	2	» 65
9763	Quatre — — — ..	15,23	53,81	2	» 65
9764	Trois — — — ..	17,30	65,75	2	» 65
9765	— — — — ..	30,38	50,59	2	» 65
9766	Deux — roses..............	40,45	60,70	2	» 65
9766b	— — —	44,50	70,81	2	» 65
9768	— — fleurs variées.......	40	65,80	2	» 65
9769	Douze petits diadèmes..........	8,21	17,37	2	» 65
9770	Six diadèmes, fleurs et feuilles...	10,37	23,73	2	» 65

Numéros des Planches.	DÉSIGNATIONS.	QUANTITÉS DE POINTS en hauteur.	QUANTITÉS DE POINTS en largeur.	N°. des prix.	PRIX.
9771	Cinq objets et couronnes........	35,55	30,50	2	» 65
9772	Cinq couronnes fleurs et feuilles.	30	30	2	» 65
9773	— — — — .	30	30	2	» 65
9775	Dix petits diadèmes fleurs.......	10,18	20,35	2	» 65
9776	Cinq couronnes fleurs et feuilles.	30	30	2	» 65
9777	— — — — .	30	30	2	» 65
9778	— — fleurs..........	30	30	2	» 65
9779	Dix petits diadèmes fleurs.......	9,17	22,34	2	» 65
9779b	Trois diadèmes fleurs..........	25,43	50,85	2	» 65
9780	Quatre — et vase au milieu.	27,37	29,51	2	» 65
9784	Portefeuille fleurs............	43	69	2	» 65
9785	— ornements........	51	77	2	» 65
9786	— —	55	88	2	» 65
9787	Huit petits bouquets...........	20	25	2	» 65
9788	Trois bouquets allongés........	37	71	2	» 65
9789	Six petits bouquets...........	40	40	2	» 65
9790	— — —	40	40	2	» 65
9791	Deux sujets cadre ovale.........	45	84	2	» 65
9792	Trois petis bouquets et ornements	30,34	61	2	» 65
9793	Trois diadèmes fleurs...........	40	45	2	» 65
9794	— — —	40	45	2	» 65
9795	Deux — — mêlées....	49,50	68	2	» 65
9796	— — — —	77,79	62	2	» 65
9797	— — — —	50,51	69	2	» 65
9798	— — — et ornements	97	70	2	» 65
9799	— — — — ...	99	70	2	» 65
91139	Cinq personnages............	43,50	41,49	2	» 65
91140	— petits —	39,53	36,59	2	» 65
91147	Quatre sujets et animaux détachés	34,40	44,47	2	» 65
91148	Cinq objets détachés...........	25,46	25,48	2	» 65
91149	— — —	16,53	28,48	2	» 65

FONDS PLEINS, TAPIS, ETC.

Numéros des Planches.	DÉSIGNATIONS.	QUANTITÉS DE POINTS en hauteur.	QUANTITÉS DE POINTS en largeur.	N°. des prix.	PRIX.
2009	Pleins, deux à la feuille.........	....	....	2	» 65
2010	— — —	....	....	2	» 65
2011	— — —	....	....	2	» 65
2012	— — —	....	....	2	» 65
2013	— — —	....	....	2	» 65
2014	— — —	....	....	2	» 65
2015	— — —	....	....	2	» 65
2016	— — —	....	....	2	» 65

Numéros des Planches	DÉSIGNATIONS.	QUANTITÉS DE POINTS en hauteur.	QUANTITÉS DE POINTS en largeur.	N°s des prix.	PRIX.
2017	Deux semés de fleurs.........	....	....	2	» 65
2018	— — —	....	....	2	» 65
2019	— — —	....	....	2	» 65
2020	— — —	....	....	2	» 65
2021	— — —	....	....	2	» 65
2022	— — —	....	....	2	» 65
2023	— — —	....	....	2	» 65
2024	— — —	....	....	2	» 65
2025	— — —	....	....	2	» 65
2235	Plein, semé de fleurs variées...	....	....	4	1 25
2266	— roses variées............	....	....	6	1 65
2278	— semé, fleurs variées......	....	....	8	2 25
2285	— — — et ornements.	....	....	12	3 15
2556	— ornements et fleurs.....	....	....	10	2 50
2557	— courant de fleurs et rubans	....	....	11	2 80
2569	— damas, dessin clochettes..	....	....	10	2 50
2581	— Pompadour.............	....	....	5	1 50
2600	— ornements et fleurs fantaisie.....	....	....	8	2 25
2623	— marguerites, teintes plates.	....	....	5	1 50
2640	— corne d'abondance et roses, teintes plates.......	....	....	5	1 50
2643	— fleurs et ornements.......	....	....	6	1 65
2659	— carré pour coussins et tapis	....	....	13	3 50
2660	— japonais................	....	....	12	3 15
2664	— grande palme, ornements et fleurs....	....	....	6	1 65
2669	— algérien, grandeur naturelle, teintes plates....	....	....	6	1 65
2670	— arabesques id........	....	....	6	1 65
2671	— médaillon id........	....	....	6	1 65
2672	— fantaisie id........	....	....	6	1 65
2673	— — id........	....	....	6	1 65
2674	— algérien id........	....	....	6	1 65
2675	— — id........	....	....	6	1 65
2676	— — id........	....	....	6	1 65
2677	— — id........	....	....	6	1 65
2678	— écossais id........	....	....	6	1 65
2683	— pour coussin id........	....	....	12	3 15
2732	— Bouquets détachés.......	....	....	8	2 25
2739	— fruits................	....	....	16	4 70
2748	— quatre dessins écossais...	....	....	3	» 95

Numéros des Planches.	DÉSIGNATIONS.	QUANTITÉS DE POINTS en hauteur.	QUANTITÉS DE POINTS en largeur.	N°s des prix.	PRIX.
2752	Plein, roses variées............	....	....	14	3 75
2753	Semé de fleurs variées.........	....	....	14	3 75
2754	Plein, ornements de fantaisie....	....	....	14	3 75
2756	— — —	....	....	14	3 75
2757	— fleurs et branches........	....	....	14	3 75
2758	— roses églantines.........	....	....	14	3 75
2759	— fleurs et fruits exotiques...	....	....	12	3 15
2760	— pavots...................	....	....	14	3 75
2761	— fleurs teintes plates......	....	....	12	3 15
2762	— fruits..................	....	....	21	7 50
2763	— ornements roses et feuillage	....	....	14	3 75
2764	— de cactus..............	....	....	16	4 70
2765	— Rayures en biais, teintes plates............	....	....	10	2 50
2766	— marguerites doubles.....	....	....	14	3 75
2767	— dessin chinois...........	....	....	21	7 50
2768	— ramage de fleurs et oiseaux	....	....	13	3 50
2769	— japonais................	....	....	16	4 70
2770	— ornem. de toutes nuances.	....	....	21	7 50
2771	— fleurs et rubans.........	....	....	10	2 50
2772	— dessin cachemire........	....	....	16	4 70
2773	— ornements fond damas...	....	....	16	4 70
2784	— roses et feuilles, teint. plat. grandeur natur.	....	....	16	4 70
2785	— courant de vignes — id.	....	....	12	3 15
2792	— dessin damas — id.	....	....	6	1 65
3102	— damas gris sur bleu......	....	....	2	» 65
3122	— feuilles de vigne........	....	....	2	» 65
3123	— roses et perles..........	....	....	2	» 65
3124	— — variées...........	....	....	2	» 65
3130	— damas.................	....	....	2	» 65
3135	— fantaisie..............	....	....	2	» 65
3136	— —	....	....	2	» 65
3137	— églantines et ornements..	....	....	2	» 65
3138	— cachemire..............	....	....	2	» 65
3140	— ornements fantaisie......	....	....	2	» 65
3142	— de lis..................	....	....	2	» 65
3143	— Pompadour.............	....	....	2	» 65
3144	— turc...................	....	....	2	» 65
3145	— roses teintes plates.......	....	....	2	» 65
3146	— marguerites et pensées...	....	....	2	» 65
3147	— clochettes teintes plates...	....	....	2	» 65

Numéros des Planches.	DÉSIGNATIONS.	QUANTITÉS DE POINTS en hauteur.	QUANTITÉS DE POINTS en largeur.	Nos des prix.	PRIX.
3148	Plein dessin teintes plates......	....	....	2	» 65
3149	— palme et ornement — ...	....	....	2	» 65
3150	— marguerites — ...	....	....	2	» 65
3151	— cachemire — ...	....	....	2	» 65
3152	— écossais grandeur naturelle	....	....	2	» 65
3153	— — — ..	....	....	2	» 65
3154	— à deux panneaux........	....	....	2	» 65
3155	— écossais................	....	....	2	» 65
4000	Coussin arabesques et fleurs.....	....	....	16	4 70
4001	— — — grandeur naturelle.	....	....	16	4 70
4002	Plein dessin chinois...........	....	....	16	4 70
5001	— pour crochet de couleur...	....	....	2	» 65
5002	— — — ..	....	....	2	» 65
5003	— — — ..	....	....	2	» 65
5005	— rayures teintes plates, grandeu naturelle..	....	....	8	2 25
5006	— — — — ..	....	....	10	2 50
5007	— algérien — — ..	....	....	10	2 50
5008	— chinois — — ..	....	....	10	2 50
5009	— algérien — — ..	....	....	10	2 50
5011	— palmier — — ..	....	....	10	2 50
5015	— églantine...............	....	....	12	3 15
5016	— magnolia — — ..	....	....	24	7 50
5112	— rayures et losanges, teintes plates, grand. nat.	....	....	8	2 25
5113	— — — — ..	....	....	8	2 25
5122	Coins et bordure pour tapis.....	....	....	18	5 30
5123	Plein fleurs mêlées............	....	....	18	5 30
5124	— —	....	....	18	5 30
5137	— à cinq rosaces..........	....	....	8	2 25
5154	— algérien..............	....	....	6	1 65
5155	— compartiments de fleurs..	....	....	6	1 65
5158	— algérien..............	....	....	12	3 15
5159	— à grecques.	....	....	12	3 15
5160	— algérien bariolé.........	....	....	12	3 15

CABAS ET SACS.

Numéros des Planches.	DÉSIGNATIONS.	en hauteur.	en largeur.	Nos des prix.	PRIX.
2705	Sac de voyage teintes plates, grandeur naturelle.	150	144	10	2 50
2706	— — —	102	144	10	2 50

Numéros des Planches	DÉSIGNATIONS.	QUANTITÉS DE POINTS en hauteur.	QUANTITÉS DE POINTS en largeur.	Nos des prix.	PRIX.
3006	Cabas dames et fleurs........	....	....	2	» 65
3013	— ornements............	....	....	2	» 65
3029	— roses et coins.........	....	....	2	» 65
3031	— fleurs et rubans........	....	....	2	» 65
3032	— guirlande de roses......	....	....	2	» 65
3033	— bouquet et cadre........	....	....	2	» 65
3035	— arabesques	....	....	2	» 65
3036	— milieu de roses, coins arabesques........	....	....	2	» 65
3039	— ornements et feuillages...	....	....	2	» 65
3040	— — — ...	....	....	2	» 65
5076	Vide-poche, dessin algérien teintes plates, grand. nat.	261	97	6	1 65
5136	Sac de voyage — — .	161	161	14	3 75
5207	— Smyrne — — .	171	137	11	2 80
5214	— — — — .	171	140	11	2 80
	FAUTEUILS, CHAISES ET LAMBREQUINS.				
1949	Lambrequin, dents découpées volubilis.....	....	70	3	» 95
1965	— ombré............	....	112	4	1 25
2284	— fleurs variées.......	....	68	6	1 65
2289	— —	....	60	6	1 65
2290	— fleurs et arabesques.	....	80	7	1 90
2603	— Pompadour.........	....	92	5	1 50
2662	— fleurs et ornements teintes plates.	....	118	6	1 65
2663	— — — .	....	117	6	1 65
2737	— algérien, grand. nat.	....	110	10	2 50
2743	— — — .	....	92	8	2 25
2744	— — — .	....	115	10	2 50
5114	— — — .	....	132	10	2 50
5115	— fleurs et ornem. — .	....	115	10	2 50
5177	Chaise, ornements grand. natur.	241	233	18	5 30
5178	— —	241	233	18	5 30
5201	— — fond chamois...	241	233	18	5 30
5202	— — vert..........	241	233	18	5 30
5203	— — vert d'eau.....	241	233	18	5 30
5219	Petit lambrequin Smyrne, grand. naturelle...	....	38	3	» 95
5220	— — — ..	....	38	3	» 95
5221	— — — ..	....	38	3	» 95

Numéros des Planches	DÉSIGNATIONS.	QUANTITÉS DE POINTS en hauteur.	QUANTITÉS DE POINTS en largeur.	N° des prix	PRIX.
	PORTE-MONTRE.				
9318	Porte-montre. couronne fleurs...	....	....	2	» 65
9319	— oiseau..............	....	....	2	» 65
9322	— pensées et myosotis..	....	....	2	» 65
9323	— clochettes...........	....	....	2	» 65
9324	— boutons de rose et myosotis......	....	....	2	» 65
9326	— milieu grenade......	....	....	2	» 65
	PORTE-CIGARES, BLAGUES, ETC.				
9163	Blague fleurs................	....	....	2	» 65
9164	— —	....	....	2	» 65
9167	Porte-cigares arabesques.......	....	....	2	» 65
9168	— —	....	....	2	» 65
9169	— paysages..........	....	....	2	» 65
9170	— fleurs..........	....	....	2	» 65
9171	— arabesques.........	....	....	2	» 65
9172	— fleurs..........	....	....	2	» 65
9173	— fleurs et ornements...	....	....	2	» 65
9174	— — — ...	....	....	2	» 65
9175	— — — ...	....	....	2	» 65
9176	— ornements.........	....	....	2	» 65
9177	— —	....	....	2	» 65
9178	— —	....	....	2	» 65
9179	— avec chiffre.........	....	....	2	» 65
9180	— attributs de fumeurs.	....	....	2	» 65
	BOURSES.				
3037	Grande bourse de voyage.......	121	118	2	» 65
3038	— —	157	125	4	1 25
9066	Deux dessins pour bourse.......	....	....	2	» 65
9067	— —	....	....	2	» 65
9068	— —	....	....	2	» 65
9069	— —	....	....	2	» 65
9165	Deux porte-monnaie fleurs......	....	....	2	» 65
9166	— — —	....	....	2	» 65

Numéros des Planches.	DÉSIGNATIONS.	QUANTITÉS DE POINTS en hauteur.	QUANTITÉS DE POINTS en largeur.	Nos des prix.	PRIX.
	PANTOUFLES.				
751	Pantoufles branche de corail....	....	....	S./N°	» 35
1606	— fleurs..................	....	....		» 35
1607	— arabesques..............	....	....		» 35
1649	— guirlandes de fleurs......	....	....	..	» 35
4500	— petites roses............	....	....	..	» 35
4501	— rayures palmes et feuilles.	....	....	..	» 35
4502	— — feuillages et grappes	....	....	..	» 35
4504	— — feuillages et zig zag	....	....	..	» 35
4505	— palmes et feuillages.....	....	....	..	» 35
4506	— feuilles et ornements.....	....	....	..	» 35
4508	— semé de fleurs et ornements	....	....	..	» 35
4509	— palmes et rayures droites..	....	....	..	» 35
4511	— fleurettes sur rayures brisées...........	....	....	..	» 35
4512	— ornements et feuilles sur rayures.........	....	....	..	» 35
4513	— raies et palmes variées...	....	....	..	» 35
4514	— feuilles et rayures zigzag..	....	....	..	» 35
4515	— rayures droites..........	....	....	..	» 35
4516	— courant d'ornem. et perles.	....	....	..	» 35
4517	— branches rayures droites..	....	....	..	» 35
4518	— semé de pensées.........	....	....	..	» 35
4519	— tulipes variées..........	....	....	3	» 95
4522	— géranium.............	....	....	3	» 95
4523	— marguerites............	....	....	3	» 95
4524	— œillets................	....	....	3	» 95
4525	— roses variées...........	....	....	3	» 95
4527	— fleurs et ornements......	....	....	3	» 95
4528	— sujets de chasse.........	....	....	3	» 95
4529	— ornements de fantaisie...	....	....	3	» 95
4530	— géranium et feuillage....	....	....	3	» 95
4531	— animaux et ornements...	....	....	3	» 95
4532	— dessin algérien..........	....	....	2	» 65
4533	— fleurs................	....	....	2	» 65
4534	— feuillage...............	....	....	2	» 65
4535	— algérien...............	....	....	2	» 65
4536	— feuillages et ornements...	....	....	2	» 65
4537	— fleurs................	....	....	2	» 65
4538	— ornements.............	....	....	2	» 65

Numéros des Planches.	DÉSIGNATIONS.	QUANTITÉS DE POINTS en hauteur.	en largeur.	Nos des prix.	PRIX.
4539	Pantoufles, dessin zigzag, grandeur naturelle..	....	....	2	» 65
5020	— teintes plates id..	....	....	3	» 95
5021	— églantines teintes plat. id..	....	....	3	» 95
5022	— roses et ornements — id..	....	....	3	» 95
5062	— roses et feuillag. grand. nat.	....	....	3	» 95
5063	— feuillage, teintes plates id.	....	....	S./n°	» 35
5064	— feuilles et ornem. — id.	....	....		» 35
5065	— feuillage fantaisie — id.	....	....		» 35
5066	— fleurs et grecques — id.	....	....	..	» 35
5067	— algérien — id.	....	....	..	» 35
5068	— fantaisie — id.	....	....	..	» 35
5069	— feuillage — id.	....	....	..	» 35
5070	— fleurs — id.	....	....	..	» 35
5071	— feuillage fantaisie — id.	....	....	..	» 35
5072	— marguerites — id.	....	....	..	» 35
5073	— — et feuillage — id.	....	....	..	» 35
5074	— lis — — id.	....	....	..	» 35
5077	— sujet de chasse..........	....	....	3	» 95
5078	— — —	....	....	3	» 95
5079	— — —	....	....	3	» 95
5080	— — —	....	....	3	» 95
5081	— — —	....	....	3	» 95
5082	— — —	....	....	3	» 95
5083	— — —	....	....	3	» 95
5084	— — —	....	....	3	» 95
5085	— — —	....	....	3	» 95
5086	— — —	....	....	3	» 95
5087	— — —	....	....	3	» 95
5088	— — —	....	....	3	» 95
5116	— rubans et grecques ornem.	....	....	3	» 95
5117	— feuillage de lierre........	....	....	3	» 95
5118	— fleurs et médaillons.......	....	....	3	» 95
5119	— dessin turc............	....	....	3	» 95
5120	— — algérien..........	....	....	3	» 95
5121	— roses et médaillon ornem.	....	....	3	» 95
5132	— dessin algérien, grand. nat.	....	....	3	» 95
5204	— violettes et ornem. demi-deuil, grand. nat.	....	....	3	» 95
5205	— gris et noir — — ..	....	....	3	» 95
5206	— — — — ..	....	....	3	» 95
9961	— corail et palmes........	....	....	2	» 65

Numéros des Planches	DÉSIGNATIONS.	QUANTITÉS DE POINTS en hauteur.	QUANTITÉS DE POINTS en largeur.	N°s des prix.	PRIX.
9962	Pantoufles, arabesques			2	» 65
9966	— à raies cachemire			..	» 35
9967	— branche de chêne			..	» 35
9976	— roses blanches arabesques, teintes plates			2	» 65
9978	— dessin damier			..	» 35
9979	— petite palme dans médaillon			..	» 35
9980	— fleurs et ornements			3	» 95
9984	— petites roses			3	» 95
9985	— roses et marguerites			3	» 95
9986	— fleurettes rouges			2	» 65
9987	— palme et feuillage			3	» 95
9988	— ornem. milieu tête de chien			3	» 95
9989	— semé têtes de loup			3	» 95
9990	— ornem. milieu tête de chien			3	» 95
9992	— têtes de loup et ornements			3	» 95
9994	— ornem. et palme cachemire			3	» 95
9996	— sujet de chasse			3	» 95
9997	— boutons de roses				» 35
9998	— — — et ornem.			S./n°	» 35
9999	— fantaisie teintes plates				» 35
91000	— rayures droites et fleurs			..	» 35
91001	— rayures			..	» 35
91002	— boutons de roses sur fond rayé			..	» 35
91005	— feuilles fantaisie			..	» 35
91006	— rayures			..	» 35
91007	— rayures en biais			..	» 35
91008	— ornements —			..	» 35
91009	— roses et ornements			3	» 95
91010	— ornements serpentant			3	» 95
91012	— branches de muguet			3	» 95
91013	— feuilles et fruits			3	» 95
91014	— guirlande de roses			3	» 95
91016	— ornements teintes plates			3	» 95
91017	— — et fleurs bleues			3	» 95
91018	— petites palmes teintes plates			3	» 95
91019	— roses avec rubans			3	» 95
91020	— — églantines et ornem.			3	» 95

DEUXIÈME PARTIE.

CATALOGUE

DES

DESSINS DE CROCHET, FILET,

TRICOT, PERLES,

FRIVOLITÉ, LACET, POTICHOMANIE,

FLEURS, ETC.

TARIF

DES DESSINS POUR FILET ET CROCHET.

	fr.	c.		fr.	c.
N°ˢ 2.	»	25	N°ˢ 14.	2	»
4.	»	65	16.	2	50
6.	»	85	18.	3	»
7.	1	»	21.	4	»
8.	1	25	23.	5	»
10.	1	50	25.	6	»
11.	1	65	28.	8	»
12.	1	75	36.	20	»

Nota. — Les numéros qui sont marqués au bas et à gauche de chaque feuille de dessin sont ceux du tarif ci-dessus.

DESSINS POUR CROCHET CARRÉ, FILET BRODÉ ET BRODERIES EN JAIS SUR CANEVAS.

Numéros des Planches.	DÉSIGNATIONS.	QUANTITÉS DE POINTS en hauteur.	en largeur.	N°s des prix.	PRIX.
1	Housse de meubles ou coussin, milieu grenade.	87	87	2	» 25
2	— — — marguerite.	87	87	2	» 25
3	— — avec milieu roses....	87	87	2	» 25
4	— — — églantines.......	87	87	2	» 25
5	— — — dessin grec.....	87	87	2	» 25
6	— — — arabesques.	87	87	2	» 25
7	— — — rosace et arabesq.	87	87	2	» 25
8	— — — — — ...	87	87	2	» 25
9	— — — dessin guipure..	87	87	2	» 25
10	— — — — — ...	87	87	2	» 25
11	— — — médaillon rocaille.	87	87	2	» 25
12	— — — rosace et fleurettes	87	87	2	» 25
13	Dessin continu feuillages fantaisie	....	....	2	» 25
14	— — — —	....	....	2	» 25
16	— — losanges et palmettes.	....	....	2	» 25
17	— — semé bouton de roses.	....	....	2	» 25
18	— — branches pervenche.	....	....	2	» 25
19	— — — fleurs......	....	....	2	» 25
20	— — — — ...	....	....	2	» 25
21	— — —	....	....	2	» 25
22	— — feuilles de vigne.....	....	....	2	» 25
23	— — — et fleurettes...	....	....	2	» 25
24	— — grappes de groseilles.	....	....	2	» 25
33	Trois bordures et coins de fleurs.	....	13,25,22	2	» 25
34	— — — ornem. guipure.	....	11,23,35	2	» 25
35	— — — — — ..	....	13,23,29	2	» 25
36	Quatre bordur. et coins de fleurs..	....	12,15,18	2	» 25
37	Quatre pelotes ornements......	43	43	2	» 25
38	— — fleurs..........	43	43	2	» 25
39	Sachet à gants et trois carrés....	....	....	2	» 25
40	Sachet à mouchoirs et coins carrés	87	87	2	» 25
41	Housse d'édredon ou dessus de table, rosace et ornem.	174	174	10	1 50
42	— — — — — — ...	174	174	10	1 50
43	— — — marguerites id..	174	174	10	1 50
44	— — — fleurs.........	174	174	10	1 50

Numéros des Planches.	DÉSIGNATIONS.	QUANTITÉS DE POINTS en hauteur.	QUANTITÉS DE POINTS en largeur.	N°s des prix.	PRIX.
45	Housse d'édredon ou dessus de table, roses...........	174	174	10	1 50
46	— — — fleurs et ornem.	174	174	10	1 50
47	Nappe d'autel gothiq. chiffre IHS.	....	87	4	» 65
48	— — — — AM.	....	87	4	» 65
49	Dessus de lit, vignes et ornements (le quart)..	174	174	10	1 50
50	— — marguerites id...	174	174	10	1 50
51	Store ornements et lampe fleurs..	174	240	14	2 »
52	Dessus de table, roses et coins...	174	174	11	1 65
53	Dessin continu petits ornements.	....	....	2	» 25
56	— — — —	....	....	2	» 25
57	— — — —	....	....	2	» 25
58	— — sur raies droites...	....	....	2	» 25
59	— — semé fruit et feuillage	....	....	2	» 25
60	Quatre pelotes ornements guipure	43	43	2	» 25
62	Housse et coussin pour meubles, dahlias sim.	87	87	2	» 25
63	Serviette à marrons.	87	87	2	» 25
64	Housse et coussin pour meubles, pavots...	87	87	2	» 25
65	— — — bouquet mêlé.	87	87	2	» 25
66	Pale, chiffre AM entourage fleurs.	87	87	2	» 25
67	— — IHS — — .	87	87	2	» 25
68	Deux bras de fauteuil ornements.	29	61	2	» 25
69	— — fleurs.	29	61	2	» 25
70	Guirlande fleurs, épis, vigne et églantine...	....	87	6	» 85
71	— de roses............	....	87	6	» 85
72	Bordure et coins de rose.......	....	33,49	2	» 25
73	— — de chêne.....	....	....	2	» 25
74	Cinq bordures grecques avec coins	....	....	2	» 25
75	— — — — ...	....	....	2	» 25
76	Dessus de table, milieu corbeille de fleurs.....	174	174	11	1 65
77	Housse et coussins pour meubles, oiseaux....	87	87	2	» 25
78	— — — — — ..	87	87	2	» 25
79	Serviette à poisson, milieu brochet	173	73	6	» 85
80	Bas d'aube dessin guipure......	....	175	21	4 »
81	— — — de roses.....	....	175	21	4 »
82	Plein, chinoiseries............	....	....	16	2 50

Numéros des Planches.	DÉSIGNATIONS.	QUANTITÉS DE POINTS en hauteur.	QUANTITÉS DE POINTS en largeur.	N°s des prix.	PRIX.
82 b.	Plein crochet à jour...........	....	....	2	» 25
83	Dentelle crochet à jour.........	....	....	2	» 25
84	— —	....	....	2	» 25
85	Deux dentelles crochet à jour....	....	....	2	» 25
86	Une — — ...	....	....	2	» 25
88	Serviette à fruits, milieu poire..	87	87	2	» 25
89	— — — pomme..	87	87	2	» 25
90	— — — raisin...	87	87	2	» 25
91	— — — cerises..	87	87	2	» 25
92	Housse de meubles ou coussin corbeille fleurs..	87	87	2	» 25
93	Dessin continu feuillage et fruits fantaisie.....	....	....	2	» 25
94	Deux cabas ornements.........	61	45	2	» 25
96	— — —	61	45	2	» 25
97	— — —	61	45	2	» 25
98	— — —	61	45	2	» 25
99	— — —	61	45	2	» 25
100	Bordures chinoises avec coins...	173	81	6	» 85
101	— fleurs, dents découpées.	....	87	2	» 25
102	— — — ...	....	87	2	» 25
103	Alphabet gothique A à M.......	....	....	2	» 25
104	— — N à Z.......	....	....	2	» 25
105	Serviette à fruits, milieu groseilles	87	87	2	» 25
106	— — — fraises..	87	87	2	» 25
107	Deux dentelles crochet à jour....	....	....	2	» 25
108	— — — —	....	....	2	» 25
109	Rond crochet à jour pour pelote, écrans et dessus d'assiettes.	....	....	2	» 25
110	— — —	....	....	2	» 25
112	Plein de roses et feuillage.......	....	....	2	» 25
113	— animaux variés...........	....	....	14	2 »
114	Bordure coin du n° 101........	....	....	2	» 25
115	— — 102........	....	....	2	» 25
116	— — 120........	....	....	2	» 25
117	— — 118........	....	....	2	» 25
118	— fleurs et ornements, dents découpées....	....	....	2	» 25
119	— coin du n° 121........	....	....	2	» 25
120	— fleurs et ornements, dents découpées....	....	87	2	» 25
121	— — — —	....	87	2	» 25

Numéros des Planches.	DÉSIGNATIONS.	QUANTITÉS DE POINTS en hauteur.	QUANTITÉS DE POINTS en largeur.	Nos des prix.	PRIX.
122	Rond crochet à jour..........	....	....	2	» 25
123	— — —	....	....	2	» 25
124	Serviette à pain...............	155	87	6	» 85
125	Rond crochet à jour..........	....	....	2	» 25
126	— — —	....	....	2	» 25
130	Cinq couronnes de titres........	....	....	2	» 25
131	Deux guirlandes de roses et de feuilles...	....	....	2	» 25
132	Rond crochet à jour pour pelotes, écrans et dessus d'assiettes.	....	....	2	» 25
133	— — —	....	....	2	» 25
134	Dessin continu, bluets.........	....	....	2	» 25
135	— — œillets.........	....	....	2	» 25
136	Carré de vignes et raisin, milieu vide...	87	87	2	» 25
137	— de roses — — ..	87	87	2	» 25
138	Rond crochet à jour..........	....	....	2	» 25
139	— — —	....	....	2	» 25
140	Dessus de lit ou de table, diadème fleurs....	240	174	18	3 »
141	Housse de meubles ou coussin, sujet chinois...	87	87	2	» 25
142	— — — — ..	87	87	2	» 25
143	— — — — ..	87	87	2	» 25
144	— — — — ..	87	87	2	» 25
145	Dessus de lit, fleurs et ornements en quatre feuilles.	480	348	28	8 »
146	Housse de meubles ou coussin, milieu oreilles-d'ours.	87	87	2	» 25
147	— — — — branche de lilas	87	87	2	» 25
148	— — — — branche de lis.	87	87	2	» 25
149	— — — — — de pensées	87	87	2	» 25
150	— — — — — de clochett.	87	87	2	» 25
151	— — — encadrem. feuillages	87	87	2	» 25
152	— — — couronne volubilis.	87	87	2	» 25
153	— — — — de chêne....	87	87	2	» 25
154	Dessin bande gothique.........	87	....	8	1 25
155	— — de lis...........	87	....	8	1 25
156	Plein d'oiseaux et fleurs........	....	....	16	2 50
157	Plein de lis..................	....	....	16	2 50
158	Housse de meubles ou coussin feuilles de lierre.	87	87	2	» 25

Numéros des Planches.	DÉSIGNATIONS.	QUANTITÉS DE POINTS en hauteur.	QUANTITÉS DE POINTS en largeur.	Nos des prix.	PRIX.
159	Housse de meubles ou coussin, milieu fleurs....	87	87	2	» 25
160	Rond crochet à jour..........	....	....	2	» 25
161	— — —	....	....	2	» 25
162	Trois dentelles crochet à jour....	....	....	2	» 25
163	Quatre — — — ..	....	....	2	» 25
164	Trois — — — ..	....	....	2	» 25
165	Cinq bordures et coins fleurs et ornements.....	10,12,15,40, 74	....	12	1 75
166	Deux guirland. fleurs dents rondes	....	36,45	6	» 85
167	— — — — ..	....	33,45	6	» 85
168	Dessus de table ou d'édredon, milieu bouquet..	174	174	11	1 65
170	Quatre bordures oiseaux et ornem.	15,20,40,74	....	12	1 75
171	Quatre pelotes fleurs et ornements.	43	43	2	» 25
172	Pale, cœur de Marie avec entourage	87	87	2	» 25
173	— — de Jésus —	87	87	2	» 25
174	Bordure de vigne avec ornements	87	....	2	» 25
175	Coin de vigne du n° 174.......	87	87	2	» 25
176	Dessin continu vigne et roses....	....	....	2	» 25
177	Serviette à œufs, milieu poule et œufs....	87	87	2	» 25
178	Bordure et coins de roses du no 81	175	195	14	2 »
179	Serviette à fruits, milieu corbeille de fruits...	87	87	2	» 25
180	Pale, croix entourage fleurs.....	87	87	2	» 25
181	— gloire — —	87	87	2	» 25
182	— pélican — —	87	87	2	» 25
183	— croix — —	87	87	2	» 25
184	— agneau pascal............	87	87	2	» 25
185	Dessus de lit, fleurs et ornements (le quart)...	175	175	14	2 »
186	Serviette à poisson, milieu turbot........	175	147	12	1 75
187	Dessus de lit, fleurs et ornements (le quart)..	175	175	14	2 »
188	Dessus de table ou d'édredon, rosace gothique.	174	174	11	1 65
189	Carnier de chasse, attributs.....	....	....	2	» 25
190	— — — ...	....	....	2	» 25
191	— — — ...	....	....	2	» 25
192	— — — ...	....	....	2	» 25

Numéros des Planches.	DÉSIGNATIONS.	QUANTITÉS DE POINTS en hauteur.	en largeur.	Nos des prix.	PRIX.
193	Dentelle crochet à jour, feuille découpée...	....	....	2	» 25
194	Dessus de lit, fleurs et ornements (le quart).	175	240	16	2 50
195	Guirlande pour filet de biais....	....	126	6	» 85
197	Quatre ronds pr pelotes, écrans, etc.	43	43	2	» 25
198	Trois bord. fleurs, dents pointues.	....	27,30	2	» 25
199	Housse ou coussin fleurs et entour.	87	87	2	» 25
200	— — quatre bouquets.	87	87	2	» 25
201	Serviette, milieu mot *cheese* (fromage)....	87	87	2	» 25
202	Quatre dentelles fleurettes à dents rondes...	....	17,26	2	» 25
203	Deux — fleurs.......	....	44	2	» 25
204	Deux alphabets anglais majuscules et minuscules.	5,9	....	2	» 25
205	Serviette, milieu écrevisses avec persil.....	87	87	2	» 25
206	Housse ou coussin fleurs.......	87	87	2	» 25
207	Quatre dentelles ornem. à dents.	....	20,23	2	» 25
208	— — — —	....	20,23	2	» 25
210	Rond crochet à jour pour dessus d'ombrelle.	....	....	11	1 65
211	Trois dentelles filet........	....	....	2	» 25
212	— — —	....	....	2	» 25
213	— — —	....	....	2	» 25
214	Rond crochet à jour pour dessus d'ombrelle..	....	....	11	1 65
215	Deux dessins crochet à jour pour bonnets grecs.	....	....	2	» 25
216	— — — — —	....	....	2	» 25
217	Alphabet anglais A à M.......	....	20	2	» 25
218	— — N à Z.......	....	20	2	» 25
219	Dessus de table ovale, bouquet et dentelle..	87	65	2	» 25
220	Serviette, milieu *bread* (pain) avec entourage..	87	87	2	» 25
221	Housse ou coussin semé fleurs de lis	87	87	2	» 25
222	Dessus d'édredon ou de table, bordure de roses (le quart).	....	....	2	» 25
223	Bordure fleurs et ornem. à dents.	110	....	11	1 65
224	Coin de châle et trois bordures..	....	....	12	1 75

Numéros des Planches.	DÉSIGNATIONS.	QUANTITÉS DE POINTS en hauteur.	en largeur.	Nos des prix.	PR
225	Housse de meuble ou coussin ; aigle...........	87	87	2	» 25
227	— chèvre.........	87	87	2	» 25
228	— cheval..........	87	87	2	» 25
230	— lion...........	87	87	2	» 25
232	— chat...........	87	87	2	» 25
234	— carré ornem., milieu chiffre...	87	87	2	» 25
235	— levrette.........	87	87	2	» 25
236	— cerf...........	87	87	2	» 25
237	Dessus de table ou d'édredon, carré de lis.......	174	174	10	1 50
238	Dessin de vide-poche à fleurs....	225	85	8	1 25
239	— — — ..	225	85	8	1 25
240	Trois dentelles crochet à jour...	....	....	2	» 25
241	Guirlande de lis...............	....	....	2	» 25
242	Deux dessins crochet à jour pour blagues..	....	....	2	» 25
243	— — — — ..	....	....	2	» 25
245b	Housse de meubles ou coussin, autruche...	87	87	2	» 25
247	Dessin crochet à jour pour boîte à marrons...	....	....	2	» 25
249	Rond crochet à jour..........	....	....	2	» 25
250	Housse, guirlande et oiseaux....	87	87	2	» 25
253	Rond crochet à jour...........	....	....	2	» 25
255	Coin de châle et trois bordures..	....	....	12	1 75
258	Courant de fleurs variées.......	....	....	16	2 50
258b	— — —	....	....	16	2 50
259	Dessus de table ou d'édredon, couronne de fleurs....	....	....	11	1 65
259b	— de lit ou de table, ornem. et fleurs (la moitié).	....	....	23	5 »
261	— — ornements (le quart).	....	....	10	1 50
262	Bande pour nappes d'autel......	....	86	6	» 85
263	Manches d'aube, dessin guipure.	....	80	4	» 65
264	Bande pour rideaux, dessus de lit et ornements....	87	....	8	1 25
267	Dessus de table longue, bouquet de fleurs mêlées..	147	107	8	1 25
268	— — — ornements...	147	107	8	1 25
269	— — — —	147	107	8	1 25

Numéros des Planches	DÉSIGNATIONS.	QUANTITÉS DE POINTS en hauteur.	QUANTITÉS DE POINTS en largeur.	Nos des prix.	PRIX.
270	Dessin long pour sachet........	119	87	4	» 65
271	— — — —	119	87	4	» 65
272	— — — —	119	87	4	» 65
273	— — — —	119	87	4	» 65
274	— — — —	95	69	2	» 25
275	— — — —	95	69	2	» 25
276	— — — —	95	69	2	» 25
277	— — — —	95	69	2	» 25
280	Oreiller ou coussin, petit carré broderie anglaise et filet brodé.	....	....	11	1 65
282	Dessus de lit, fleurs et ornements (le quart).......	175	240	18	» 3
283	Dessin d'aube, fleurs et ornements	....	174	18	» 3
284	Housse d'édredon ou dessus de table, ornements.	175	175	12	1 75
288	Fond de bonnet ou dessus de pelote ronde, crochet à jour.	....	....	8	1 25
289	Nappe d'autel filet de biais, chiffre de Jésus, etc..	....	193	14	2 »
290	— — ou aube, de biais, bouquet détaché..	....	204	14	2 »
291	— — de biais, lis et raisin..	....	143	11	1 65
292	— — ou aube, — ornements et fleurs..	....	204	14	2 »
293	Quatre bordures de biais.......	....	24,28,30,35	2	» 25
294	Trois — —	....	38.40,41	2	» 25
295	Deux semés d'étoiles...........	....	....	2	» 25
300	Housse ou coussin filet de biais, bouquet de roses...	....	123	2	» 25
301	— — — — de pervenches.	....	123	2	» 25
302	— — — — petits œillets..	....	123	2	» 25
303	— — — — oreilles-d'ours.	....	123	2	» 25
304	— — — — iris...........	....	123	2	» 25
305	— — — — tulipes........	....	123	2	» 25
306	— — — — lilas.........	....	123	2	» 25
307	— — — — hortensia.....	....	123	2	» 25
308	Store ou écran fleurs et ornements	161	196	12	1 75
309	— — bouquet mêlé..	173	239	14	2 »
310	Trois bordures filet de biais avec coin.......	....	15,35,52	2	» 25
315	Housse ou coussin — bouquet d'œillets..	....	123	2	» 25

Numéros des Planches.	DÉSIGNATIONS.	QUANTITÉS DE POINTS en hauteur.	en largeur.	Nos des prix.	PRIX.	
316	Siége et dossier de chauffeuse ou écran à main et sac de voyage, bouquet mêlé...	115,109	121,191	14	2	»
317	— — — — — — — .	115,109	121,191	14	2	»
318	Serviette à œufs..............	177	89	8	1	25
319	Rond pour tabouret de pianos ou dessus de guéridon.	87	87	2	»	25
320	— — — — — .	87	87	2	»	25
321	— — — — — .	87	87	2	»	25
322	— — — — — .	87	87	2	»	25
323	— — — — — .	87	87	2	»	25
324	Deux semés d'étoiles...........	....	....	2	»	25
325	Écran ou dossier de fauteuil, aigle et chiffre impérial..	175	175	14	2	»
326	Serviette à marrons............	177	89	8	1	25
327	Housse ou coussin, Polichinelle..	87	87	2	»	25
329	Neuf carrés variés.............	25	25	2	»	25
330	— — couvre-pieds ou coussin	25	25	2	»	25
331	— — — — — ...	25	25	2	»	25
332	Housse ou coussin, pierrot......	87	87	2	»	25
333	— — abeilles......	87	87	2	»	25
334	— — Colombine...	87	87	2	»	25
336	— — Arlequin....	87	87	2	»	25
337	Siége et dossier pour chauffeuse ou écran, ou sac de voyage arabe	115.109	121,191	14	2	»
338	— — — — — — — .	115,109	121,191	14	2	»
340	Trois entre-deux...............	16,25	....	2	»	25
341	— —	16.25	....	2	»	25
342	Carré long....................	147	107	8	1	25
343	Deux bordures avec feston, fleurs et ornements.......	....	38,48	6	»	85
344	— — chiffre Marie et Jésus.	....	38,48	6	»	85
346	— — fleurs et ornements...	....	38,48	6	»	85
348	— — chiffre de Jésus.....	....	45	6	»	85
350	Coin de châle..................	....	175	10	1	50
351	Dessin continu pour rideaux ou stores, avec bordure.	175	....	18	3	»
352	Nappe d'autel, bouquet fleurs mêlées, personnages.....	....	87	8	1	25
353	Dessus d'édredon avec entourage.	209	175	14	2	»
354	Dessin continu pour rideaux ou stores, avec bordure.	175	....	18	3	»

Numéros des planches	DÉSIGNATIONS.	QUANTITÉS DE POINTS en hauteur.	en largeur.	Nos des prix	PRIX.
355	Plein, fleurs et feuillage........	....	....	16	2
356	Housse ou coussin, couronne de marquis.......	87	87	2	» 25
357	— — — de comte......	87	87	2	» 25
358	— — — fantaisie.......	87	87	2	» 25
359	— — — de baron......	87	87	2	» 25
360	— — — de vicomte.....	87	87	2	» 25
361	— — — impériale......	87	87	2	» 25
363	— — — de duc........	87	87	2	» 25
364	Nappe d'autel, Ave Maria.......	....	87	8	1 25
366	Housse ou coussin, Pierrot......	87	87	2	» 25
368	Quatre pelotes avec dentelle....	53	53	2	» 25
369	Quatre petits bras de fauteuil....	31	38	2	» 25
370	Dossier de chauffeuse, bouq. mêlé.	71	78	2	» 25
371	— — — ...	71	78	2	» 25
372	Siége de chauffeuse, ornem. avec dentelle.....	87	60	2	» 25
373	— — fleurs id.....	87	60	2	» 25
374	— — — id. ...	87	60	2	» 25
375	— — ornem. id.....	87	60	2	» 25
380	Dossier — bouquet mêlé..	71	78	2	» 25
381	— — ornements....	71	78	2	» 25
382	Plein, sujet chinois et fleurs.....	....	....	16	2 50
383	— — —	....	....	16	2 50
384	Dessus de sachet, crochet à jour bouquet mêlé.	....	....	6	» 85
385	Dentelles crochet à jour avec frange..	....	....	2	» 25
386	Deux — — — ..	....	....	2	» 25
387	— — — — ..	....	....	2	» 25
388	— — — — ..	....	....	2	» 25
389	Dessin continu avec rosace, crochet à jour...	....	....	2	» 25
390	Trois dentelles crochet à jour....	....	....	2	» 25
391	— — — — ...	....	....	2	» 25
392	— — — av. entre-deux	....	....	2	» 25
393	Grand bouquet pour coin de châle, etc.....	175	175	10	1 50
394	Dentelle, filet guipure..........	....	....	2	» 25
395	— — —	....	....	2	» 25
396	Pelote — —	....	....	2	» 25
397	Deux pelotes filet guipure.......	....	....	2	» 25

Numéros des dessins.	DÉSIGNATIONS	QUANTITÉS DE POINTS en hauteur.	QUANTITÉS DE POINTS en largeur.	N°s des prix.	PRIX.
398	Dentelle, filet guipure..........	....	....	2	» 25
399	Trois dentelles crochet à jour....	....	....	2	» 25
400	Deux — — — ...	....	....	2	» 25
401	Dentelle, filet guipure..........	....	....	2	» 25
402	— — —	....	....	2	» 25
403	Très riche nappe d'autel, représentant les litanies de la Ste Vierge par des emblèmes et des inscriptions.................	17,27	181	36	20 »
404	Grand rideau riche, dessin chinois	249	409	25	6 »
405	— — — — — .	249	409	25	6 »
406	Dessin continu, petits bouquets pour filet de biais.	....	....	2	» 25
407	— — ornem. et losanges pour filet de biais	....	....	2	» 25
408	— — — — — .	....	....	2	» 25
409	— — — — — .	....	....	2	» 25
410	Deux bordures pour servir de manches au n° 283....	....	35,64	6	» 85
411	Housse ou coussin, milieu marguerite.......	87	87	2	» 25
412	— — — œillets.......	87	87	2	» 25
413	— — — roses........	87	87	2	» 25
414	— — — pervenches...	87	87	2	» 25
415	— d'oreiller, ornements milieu rosace.....	125	125	7	1 »
416	— — milieu bouq. anémone.	125	125	7	1 »
417	— — — fleurs variées..	125	125	7	1 »
418	— — — rose et fleurs...	125	125	7	1 »
419	— d'édredon ou dessus de table rosace et ornements.	175	175	11	1 65
422	— — — rosace ovale et orn.	209	175	14	2 »
423	— — — milieu ovale raisin et ornements...	209	175	14	2 »
426	Deux ronds croch. à jour p. pelotes, dessous de lampes, écrans, etc.	....	....	2	» 25

DESSINS POUR OUVRAGES EN PERLES.

8001	Dessous carré avec frange.......	....	....	2	» 65
8002	Deux bandes dessins variés.....	11,15	....	2	» 65
8002	— — — — ...	7,17	....	2	» 65

Numéros des Planches.	DÉSIGNATIONS.	QUANTITÉS DE POINTS en hauteur.	QUANTITÉS DE POINTS en largeur.	N°s des prix	PRIX.
8004	Deux bandes, dessins variés...	5,18	....	2	» 65
8005	— — — —	10,15	....	2	» 65
8006	— — — —	7,19	....	2	» 65
8007	— — — —	8,15	....	2	» 65
8008	— — — —	9,15	....	2	» 65
8009	— — — —	10,15	....	2	» 65
8010	— — — —	7,17	....	2	» 65
8011	Une — dessin algérien	15	....	3	» 95
8012	— — — —	15	....	3	» 95
8013	Dessous carré avec frange......	....	....	2	» 65
8014	— — —	....	....	2	» 65
8015	— — —	....	....	2	» 65
8016	Deux bandes, dessins variés....	12,13	....	2	» 65
8017	— — — —	11,15	....	2	» 65
8018	— — — —	11,15	....	2	» 65
8019	— — — —	10,15	....	2	» 65
8020	— — — —	9,15	....	2	» 65
8021	— — — —	11,15	....	2	» 65
8022	— — — —	9,15	....	2	» 65
8023	Dessous rond avec frange	....	....	2	» 65
8024	Deux — — —	....	....	2	» 65
8025	Dessous rond avec frange....	....	....	2	» 65
8026	Dessous sexagone pour dessous de lampe, plats, etc..	....	....	5	1 50
8027	— — — — — ..	....	....	5	1 50
8028	— — — — — ..	....	....	5	1 50
8029	— — — — — ..	....	....	5	1 50
8030	Lambrequin................	....	....	4	1 25

COLLECTION D'ALBUMS.

N°s 1 Crochet plein et dessins à perles.................... » 75
2 — — — — .... » 75
3 — — — — .... » 75
4 — — — — .... » 75
5 — — — — .... » 75
6 — — — — .... » 75

Nos		
7	Dessins de filet à perles	» 75
8	Broderies lacet et jours	» 75
9	Crochet à jour avec explications et méthode	» 75
9 *bis.*	Le même avec texte espagnol	» 75
10	Crochet à jour avec explications et méthode	» 75
11	Tricot avec explications	» 75
12	— — —	» 75
13	Crochet à jour avec explications	» 75
14	— — — —	» 75
15	— — — —	» 75
16	Frivolité avec explicat. et méthode	» 75
16 *bis.*	Le même avec texte anglais	» 75
17	Frivolité avec explications	» 75
17 *bis.*	Le même texte anglais	» 75
18	Crochet à jour	» 75
19	— —	» 75
20	— plein en couleurs	1 50
21	— — —	1 50
22	— — —	1 50
23	— — —	1 50
24	— — —	1 50
25	— — —	1 50
26	Alphabets tapisserie	» 75
27	Crochet plein	» 75
28	— —	» 75
29	— —	» 75
30	— à jour	» 75
31	Dessins pour filet avec perles	» 75
32	Crochet plein en couleurs	1 50
33	— —	» 75
34	— —	» 75
35	— — en couleurs	1 50
36	— à jour	» 75
37	— plein	» 75
38	— —	» 75
39	— guipure	» 75
40	Tricot avec explications	» 75
41	Crochet plein	» 75
42	— — en couleurs	1 50
43	Potichomanie avec explications	» 75
43 *bis.*	Le même avec texte espagnol	» 75
44	Fleurs au crochet avec explications	» 75
45	— — — —	» 75

RAPPORT

FAIT A LA SOCIÉTÉ D'ENCOURAGEMENT

Par M. MICHELIN,

AU NOM DE LA COMMISSION PERMANENTE DES BEAUX-ARTS APPLIQUÉS A L'INDUSTRIE,

SUR LES

DESSINS DE TAPISSERIE FABRIQUÉS DANS LES ATELIERS DE M. SAJOU,

Rue Rambuteau, n° 52, et rue des Anglaises-Saint-Marcel, n°s 18, 20, 22 et 24.

Messieurs,

Le 3 mai 1843, M. Vallot, notre ancien collègue, vous annonçait, au nom du comité des arts économiques, qu'une nouvelle industrie venait de se naturaliser à Paris, sous la direction de M. Sajou.

Effectivement, depuis 1840, cet habile industriel s'était efforcé de doter la France de la fabrication des dessins de tapisserie connus dans le commerce sous le nom de *dessins de Berlin*.

Aujourd'hui M. Sajou vient vous demander de constater, non-seulement ses progrès commerciaux, mais encore les nombreux travaux qu'il a entrepris, et la grande importance qu'il a donnée, sous tous les rapports, à son établissement.

Après avoir visité ses ateliers, établis rue des Anglaises, la commission des beaux-arts a l'honneur de vous exposer que, tout en continuant de publier avec succès ses beaux et brillants modèles coloriés de tapisserie, dits *de Berlin*, dont l'exécution en France a longtemps paru douteuse, M. Sajou a, en outre, mis dans le commerce des dessins de broderie pouvant servir à la confection d'ouvrages au crochet, en filet, en guipure, etc., etc. Ceux pour broderie sont presque toujours en blanc, sur papier vert, ce qui, fatiguant moins les yeux, l'a engagé à leur donner le nom de *conservateurs de la vue*.

Nous pourrions nous borner à dire que les modèles de broderies et de tapisseries sont faits avec soin, et toujours recherchés par les dames de tous les pays; mais ce qui frappe dans cette fabrication, c'est que, parmi toutes les feuilles d'un même dessin, il n'y a pas à chercher les mieux faites, car elles sont toutes aussi nettes et aussi bien coloriées l'une que l'autre.

Quant au choix, il est immense, puisque, depuis 1840, de quinze à seize mille modèles de dessins différents ont été mis en vente. Ils varient, pour la taille, de 10 à 80 centimètres. On peut voir, à l'exposition, un dessin de 4 mètres et une superbe broderie faite d'après ce modèle.

Les prix, qui sont beaucoup moins chers que ceux de Berlin, s'élèvent depuis 10 centimes jusqu'à 30 francs. Répandus partout, les dessins de M. Sajou font concurrence aux fabriques les plus renommées de la Prusse, et à Berlin ils sont estimés et même quelquefois contrefaits.

Pour populariser le goût des ouvrages à la main, M. Sajou a publié, non-seulement des feuilles séparées, mais encore de petits albums, dont les prix modiques en ont facilité l'entrée dans les ateliers et dans les salons. Non content de ces sortes de publications, et pour augmenter son œuvre de propagande, M. Sajou a fondé, en 1851, un journal pratique et spécial qui a paru mensuellement pendant quatre années, sous le nom de *Guide-Sajou*. Publié avec luxe et à un prix modéré, cet ouvrage historique, artistique et théorique, a inculqué les bonnes méthodes en matière d'ouvrages de dames, et a rendu l'exécution facile par des applications claires et précises. Afin de compléter son entreprise, M. Sajou a ouvert, depuis plusieurs années, un cours gratuit, qui se continue toujours, pour enseigner la fabrication des divers ouvrages dont il a donné les modèles.

Ce dont M. Sajou pourrait s'enorgueillir, c'est que l'impulsion donnée par lui à la confection de ces jolis ouvrages, devenus presque une nécessité, a considérablement contribué à augmenter et perfectionner la teinture et la filature des soies, des laines et des cotons, ainsi que la fabrication des canevas et des couleurs.

Les beaux résultats auxquels M. Sajou est arrivé sont dus, non-seulement à son intelligence et à la bonne direction donnée à ses ateliers, mais aussi à l'influence des principes moraux et religieux dont les bons exemples et les bons préceptes sont donnés par lui et sa famille, à tous ceux qu'il emploie, et notamment à ses jeunes ouvrières.

Nous mentionnerons que, malgré des obstacles sérieux, M. Sajou a toujours tenu à mettre la marque de sa fabrique sur ses produits.

Outre les jeunes filles dont nous parlerons tout à l'heure, M. Sajou procure du travail à un certain nombre de dessinateurs, de graveurs, de lithographes, de brodeuses et d'autres personnes logées en dehors de son établissement. Nous croyons devoir ajouter encore quelques mots sur le régime des ateliers intérieurs, où sont employées de jeunes filles, la plupart orphelines; admises gratuitement, après leur première communion, elles sont toujours libres de se retirer quand elles le désirent. Maintenant elles sont au nombre de cinquante à soixante, et ont de dix à dix-huit ans. Leurs surveillantes immédiates sont une directrice, des maîtresses d'étude et de couture, et d'autres maîtresses d'ouvrages divers, suivant les besoins. Les dortoirs, ateliers et réfectoires, sont séparés du reste de la maison, et peu de personnes, hors madame Sajou, ont le droit d'y pénétrer.

Il y a tous les jours, pour les jeunes ouvrières, classe de lecture, écriture, calcul et orthographe; puis elles passent au travail de la couture, de la tapisserie, de la broderie, de la fabrication des couleurs et du coloriage. Tour à tour aussi on les occupe aux divers services de la maison, afin de les familiariser avec l'ordre et les détails d'un ménage. Lorsqu'elles sont soumises et intelligentes, à quinze ans, on les paie assez pour que leur entretien soit à leur charge, et, en général, à dix-huit ans, elles ont à elles un trousseau de 3 à 400 fr., et, en moyenne, 300 fr. en espèces.

A partir de dix-huit ans accomplis, si leur conduite est exempte de reproche, elles peuvent rester attachées à la fabrique à titre d'ouvrières intérieures ou extérieures, et même devenir sous-maîtresses, et alors gagner de 250 à 1000 francs par année.

Les santés nous ont paru bonnes, et il y a, pour les récréations, des salles spéciales et un jardin, où chacune a son petit parterre. Dans certaines circonstances on leur procure d'innocentes distractions et des plaisirs variés et instructifs.

Le service divin se fait dans la chapelle de la maison, et un aumônier y donne ou continue l'instruction religieuse.

Le résultat de nos observations est donc, messieurs, que, depuis douze ans, les ateliers fondés par M. Sajou ont pris un grand développement, et qu'il occupe de deux cent cinquante à trois cents personnes; qu'il a répondu à l'attente de la Société d'encouragement en publiant plus d'un million de modèles de toutes sortes, empruntés jadis aux étrangers, et qui ont contribué à répandre partout le bon goût français; et enfin, qu'il a initié et accoutumé de jeunes filles à l'amour du travail et à diverses industries qui peuvent les faire vivre honorablement en sortant de chez lui.

En conséquence, la commission vous propose de donner un nouveau témoignage de satisfaction et d'approbation à M. Sajou, en insérant ce rapport dans le *Bulletin*.

Signé G. MICHELIN, *rapporteur*.

Approuvé en séance, le 27 *juin* 1855.

TABLE DES MATIÈRES.

Paris, — Imprimerie de L. Martinet, rue Mignon, 2.

www.ingramcontent.com/pod-product-compliance
Ingram Content Group UK Ltd.
Pitfield, Milton Keynes, MK11 3LW, UK
UKHW021145220726
13924UKWH00003B/1025

9 782019 910204